HISTÓRIAS
(RE)CONSTRUÍDAS

Coleção
QUESTÕES DA NOSSA ÉPOCA
Volume 114

Dados Internacionais de Catalogação na Publicação (CIP)
(Câmara Brasileira do Livro, SP, Brasil)

Histórias (re)construídas : leituras e interpretações de processos educacionais / António Teodoro (org.). — São Paulo : Cortez, 2004. — (Coleção questões da nossa época ; v. 114)

Vários autores.
Bibliografia.
ISBN 85-249-1027-5

1. Educação – História   2. História – Fontes
3. História – Metodologia   I. Teodoro, António.
II. Título: Leituras e interpretações de processos educacionais. III. Série.

04-2134   CDD-370.9

Índices para catálogo sistemático:

1. Educação : História : Fontes e metodologia   370.9

António Teodoro

HISTÓRIAS
(RE)CONSTRUÍDAS

CORTEZ
EDITORA

HISTÓRIAS (RE)CONSTRUÍDAS. Leituras e interpretações de processos educacionais
António Teodoro (org.)

Capa: Estúdio Graal
Preparação dos originais: Irene Hikishi
Revisão: Ana Paula Takata de Moraes
Composição: Dany Editora Ltda.
Coordenação editorial: Danilo A. Q. Morales

Por recomendação do organizador foi mantida a grafia vigente em Portugal para os textos de autores portugueses.

Nenhuma parte desta obra pode ser reproduzida ou duplicada sem autorização expressa dos autores e do editor.

© 2004 by Autores

Direitos para esta edição
CORTEZ EDITORA
Rua Bartira, 317 — Perdizes
05009-000 — São Paulo-SP
Tel.: (11) 3864-0111   Fax: (11) 3864-4290
E-mail: cortez@cortezeditora.com.br
www.cortezeditora.com.br

Impresso no Brasil — abril de 2004

Sumário

Apresentação. Um contributo para a renovação de fontes e de metodologias em História da Educação
António Teodoro 7

1. Histórias em movimento: da submissão à rebeldia
   Emília Trindade Prestes 23

2. A imprensa periódica: memória da educação
   Áurea Adão & Sérgio Campos Matos 59

3. As fontes digitais e a História da Educação: novos horizontes em construção
   Edna Brennand & Ed Porto Bezerra 79

4. Histórias de vida: auto-representações e construção das identidades docentes
   Ana Sofia António 97

Apresentação

UM CONTRIBUTO PARA A RENOVAÇÃO DE FONTES E DE METODOLOGIAS EM HISTÓRIA DA EDUCAÇÃO

António Teodoro*

> *Não há senão uma única via de conhecimento: a do estudo da singularidade das situações históricas a partir da especificidade das contradições e dos constrangimentos que lhes impõem as estruturas globais de que elas fazem parte.*
>
> Étienne Balibar e Immanuel Wallerstein[1]

A educação, num tempo histórico relativamente curto, passou de um obscuro domínio da política doméstica a

---

* Coordenador científico da Unidade de Investigação e Desenvolvimento Observatório de Políticas de Educação e de Contextos Educativos, da Universidade Lusófona de Humanidades e Tecnologias, Lisboa. Director da *Revista Lusófona de Educação*.

1. Étienne Balibar & Immanuel Wallerstein, *Race, nation, classe. Les identités ambigues*, Paris, La Découverte/Poche, p. III.

um tema central dos debates políticos, tanto no plano nacional como no internacional. Temos insistido que esta passagem da educação do domínio doméstico para o domínio público,[2] com a centralidade que lhe é atribuída nos processos de desenvolvimento humano, coloca problemas complexos ao estudo das políticas educacionais.

Essa complexidade decorre, em grande medida, do paradoxo que atravessa todo o discurso político sobre educação nestes tempos de transição: por um lado, a educação é *um tesouro a descobrir*, uma via que, no dizer de Jacques Delors e da sua Comissão, "conduza a um desenvolvimento humano mais harmonioso, mais autêntico, de modo a fazer recuar a pobreza, a exclusão social, as incompreensões, as opressões, as guerras...";[3] por outro, acentua-se um clima de profundo cepticismo quanto às possibilidades de modificar o sistema educacional, de forma a que ele possa caminhar na direcção proposta pela Comissão Delors, superando a distância que normalmente se verifica entre os ambiciosos objectivos enunciados nas reformas e os magros resultados em geral alcançados, algumas vezes até contraditórios com esses mesmos propósitos iniciais.

No seu desencantado *ensaio sobre a impotência das elites em se reformar*, Michel Crozier apontava, em mea-

---

2. Ver, e.g., António Teodoro, *Globalização e educação. Políticas educacionais e novos modos de governação*, São Paulo, Cortez Editora, 2003 (Edição portuguesa: Porto, Edições Afrontamento, 2003).

3. Jacques Delors et al., Educação, um tesouro a descobrir. *Relatório para a UNESCO da Comissão Internacional sobre Educação para o século XXI*, Porto, Edições Asa, 1996, p. 11.

dos dos anos noventa, o sistema de educação nacional francês como um exemplo de uma instituição à deriva, vivendo uma *agitação intelectual brilhante mas estéril*, totalmente impotente para pôr em execução, ou mesmo compreender, o que poderia ser uma estratégia razoável de mudança.

> A educação nacional, sabe-se bem, está tetanizada pela *reformite* há pelo menos vinte ou trinta anos. Parece que cada ministro que se sucede no cargo quer dar o seu nome a uma reforma que considera essencial para renovar o nosso sistema educacional. E, isso, respeita ao conjunto da sociedade — todos fomos alunos e quase todos somos pais de alunos —, está no centro de todos os debates políticos, de todas as preocupações sociais. Seguramente, as decisões tomadas nos altos escalões perdem-se nas rodas da imensa máquina para se confinarem apenas a medidas superficiais, quando não colocam todo o mundo na rua para obter a sua retirada.[4]

Tomando como objecto uma outra realidade, *um século de reforma da escola pública nos Estados Unidos*, David Tyack e Larry Cuban sistematizaram algumas questões que, nas suas palavras, os têm intrigado durante anos, e a que procuram responder em *Tinkering toward Utopia:*

> Porque acreditaram os americanos no progresso da educação durante um século, mas começaram agora a duvidar dessa possibilidade?

---

4. Michel Crozier & Bernard Tilliette, *La crise de l'intelligence. Essai sur l'impuissance des elites à se réformer*, Paris, InterEditions, 1995, p. 35-36.

Que rigor tem a noção de senso comum que as reformas educativas se processam em ciclos? Pode isso ser conciliável com a noção de progresso?

Qual é a relação entre discurso político, acção política e tendências institucionais?

Como é que as escolas mudam as reformas, em contraponto às reformas que mudam as escolas?

O que constitui "sucesso" numa reforma escolar? Porque é que alguns "sucessos" se tornam invisíveis?

Porque é que a "gramática da escola" — as formas organizacionais que administram as normas — persiste, ao passo que os gritos de alerta são, na maior parte das vezes, evanescentes?

Porque é que as tentativas de *outsiders* para reinventar a escola — estratégias de ruptura de modelo — geralmente tiveram uma vida tão curta como as estrelas cadentes?[5]

O desencanto de Michel Crozier, de um lado, e as interrogações de Tyack e Cuban, do outro, estiveram presentes nos trabalhos de investigação que desenvolvemos sobre *reforma educativa* realizada em Portugal no final da década de oitenta.[6]

Para esses trabalhos, foi-nos particularmente útil, nos planos conceptual e metodológico, o contributo de Thomas

---

5. David Tyack & Larry Cuban, *Tinkering toward Utopia. A Century of Public School Reform*, Cambridge, MA, Harvard University Press, p. 5

6. António Teodoro, *Política educativa em Portugal. Educação, desenvolvimento e participação política dos professores*, Lisboa, Bertrand Editora, 1994; António Teodoro, *A construção política da educação. Estado, mudança social e políticas educativas no Portugal contemporâneo*, Porto, Edições Afrontamento, 2001.

Popkewitz sobre o tema da reforma educacional.[7] Simplificadamente, Popkewitz considera que o discurso público e político sobre a educação é muito marcado pelo que o cidadão comum lhe atribui como sendo o seu objectivo maior, *o aperfeiçoamento da sociedade*. E, acrescenta, na educação convergem todas as grandes aspirações sociais, ou, na sua feliz expressão, os *sonhos milenares* da humanidade, onde seja permitido realizar as missões democráticas da sociedade, eliminar os efeitos debilitantes da pobreza e criar os fundamentos tecnológicos e científicos da riqueza material dos indivíduos e dos povos. O discurso político, ao partir desse senso comum e ao constatar, com óbvia simplicidade, que o sistema educacional não responde a essa expectativa, centra-se em geral no tema da *reforma*, que Popkewitz classifica como sendo um *ritual* e uma *retórica*, destinados a fazer com que a instituição escolar pareça, aos olhos da opinião pública, mais responsável, progressiva e eficiente, capaz de superar as suas limitações e contradições. O discurso sobre a reforma assume então o objectivo de gerar na opinião pública, e nos actores directamente envolvidos, professores, pais e estudantes, a imagem de uma instituição que responde às potencialidades de modernização, legitimando novas relações de poder.

É sabido que *nem todas as reformas nascem iguais*: umas, desde o início, gozam de fortes apoios políticos (e financeiros), enquanto que, outras quase parecem órfãs. Mas também se sabe que, mesmo reformas anunciadas

---

7. Thomas Popkewitz, Educational Reform: Rhetoric, Ritual and Social Interest. In: *Educational Theory,* 38 (1), 77-93.

como estruturais, gozando de fortes apoios institucionais, políticos e financeiros, não geraram transformações significativas na instituição escolar, ou até, em certos casos, conduziram ao reforço, paradoxalmente e por efeito perverso, da sua rigidez e do seu imobilismo.

De um ponto de vista histórico, é possível observar um processo de convergência entre a formação do moderno Estado Providência e a reforma como seu projecto fundamental de desenvolvimento. Entendida como uma política racional de intervenção, a reforma é um elemento fundamental de regulação, de controlo e de governação do Estado. Daí a identificação de reforma com melhoria e de mudança com progresso, o que tem gerado, demasiadas vezes, um permanente *reformismo* educativo e uma *febril actividade* de inovação atrás de inovação. Como alertam J. M. Escudero e A. Bolivar, essa ideologia da *mudança pela mudança*, embora possa assentar num discurso bem intencionado e cheio de boas intenções, contribui, demasiadas vezes, para que tudo continue igual, ou até para justificar situações discriminatórias.

> Visto de outro ângulo, o terreno da mudança e das reformas em educação não pertence ao domínio do técnico, da actualização de novos métodos, da reorganização do sistema educativo e da reestruturação do currículo. Antes de mais, trata-se de um âmbito da nossa realidade social, cultural e educativa em que nos questionamos sobre que tipo de sociedade e de cidadãos queremos, que tipo de escola, que tipo de professores e, por isso mesmo, temos de esclarecer, argumentar e legitimar os valores subjacentes a tudo isto. Uma reforma sem valores e ideologias ou, dito de outro modo, com valores e ideologias que não promovam os valo-

res mais genuínos da democracia, será, posteriormente, uma forma de tecnocracia, mais ou menos dissimulada mas, no fundo, uma forma de regulação e controlo social de uns sobre os outros, de interesses a expensas de outros alternativos, do conhecimento e da cultura hegemónica à custa do conhecimento e da cultura marginal. Tudo isto está directamente relacionado com "o quê", "o porquê" e "o para quê" das reformas, logo há que ter em conta a definição formal das políticas educativas, o ordenamento do sistema escolar e a definição do currículo.[8]

Aparentemente contraditória com esta associação entre *reforma* e *progresso*, ocorre em geral uma outra: a de que as reformas educacionais se realizam por *ciclos*, repetindo processos e retomando problemáticas do passado. A utilização da metáfora do *ciclo*, em que se retorna sempre ao mesmo lugar, cria uma sensação de *déjà vu* num processo de reforma e induz um sentimento de futilidade e de desinteresse, acabando por negar, no fundo, todas as possibilidades de progresso na instituição escolar. Assim como a história das reformas da escola pública não pode ser considerada como uma inelutável evolução com vista ao *progresso*, também os ciclos das reformas educacionais têm de ser inseridos numa interacção de longo termo entre tendências da instituição escolar, processos de transição na sociedade e discurso político. Como

---

8. J. M. Escudero & A. Bolivar, Inovação e formação centrada na escola. Uma perspectiva da realidade espanhola. In: A. Amiguinho & R. Canário (orgs.), *Escola e mudança: o papel dos centros de formação* (pp. 95-155), Lisboa, Educa, p. 106.

sublinham David Tyack e Larry Cuban, os ciclos do discurso político não são *fúteis* nem *irracionais*:

> Os ciclos de reforma, a nível do discurso e da acção, resultam, acreditamos, de conflitos de valores e de interesses que são intrínsecos à escola pública. A retórica da reforma reflecte as tensões entre as políticas democráticas, com a sua insistência no acesso e na igualdade, e a estrutura de oportunidades numa economia de mercado competitiva.[9]

O passado nunca é morto ou exorcizado, escreveu Carlo Cippola, ao mesmo tempo que lembra que as decisões que se tomaram ontem representam limitações e condicionalismos às decisões e às escolhas de amanhã. Porque, acrescenta, o *presente* não é mais do que "uma pequena fatia de futuro agarrada a uma pequena fatia de passado, sendo as dimensões das fatias determinadas arbitrariamente pelo sujeito".[10]

Vêm estas considerações a propósito do livro que agora se apresenta, fruto de colaboração científica entre professores brasileiros e portugueses, os primeiros da Universidade Federal da Paraíba (UFPB) e os segundos da Universidade Lusófona de Humanidades e Tecnologias (ULHT) e da Universidade de Lisboa (UL), colaboração essa realizada a pretexto do IV Congresso Luso-Brasileiro de História da Educação, que decorreu em Porto Alegre, Rio Grande do Sul, em abril de 2002.

---

9. Ob. cit., p. 58-59.

10. Carlo M. Cippola, *Introdução ao estudo da história económica*, Lisboa, Edições 70, p. 93.

Respondendo ao desafio lançado pelo Congresso, os autores procuram lançar pistas e dar o seu contributo para a renovação das fontes em história da educação, condição para uma melhor compreensão dos processos de reforma e de mudança em curso nestes dois países pertencentes à mesma comunidade linguística, simultaneamente tão próximos e tão distantes nas problemáticas e nos debates que atravessam o campo educacional.

No Capítulo 1, "Histórias em movimento: da submissão à rebeldia", Emília Trindade Prestes analisa (e sublinha) a importância da história dos movimentos sociais no Brasil para a compreensão dos processos sociais de mudança e exemplifica com o *seu* Nordeste. O capítulo estrutura-se a partir de um conjunto de questionamentos, que a autora explicita no início, e levanta um conjunto de interrogações centrais no plano metodológico do *fazer (e escrever) história*:

> Como pensar, descobrir, representar e descrever de forma interpretativa os movimentos sociais rurais, sobretudo os históricos? Será possível interpretá-los sem mencionar a política, a religião, a economia, a arte/poesia dos grupos? Como posso falar sobre a história dos movimentos sociais rurais sem considerar os poderes, os códigos e as regras que regem/regeram a formação social dessa região e a conduta do seu povo? Como ignorar os valores relacionados com a ética e a moral nas suas vertentes singulares e plurais? Como falar nas histórias coletivas de um povo sem mencionar a competição e a solidariedade, o individualismo e o desapego, valores fortemente propagados nessa sociedade regida por códigos conservadores e culturas tradicionais? É acon-

selhável falar sobre movimentos sociais e políticos sem mencionar o princípio educativo como forma para o controle de alguns medos humanos, individuais e coletivos? Sem mencionar o medo dos poderes e dos poderosos, visíveis e invisíveis? Sem falar na possibilidade do despertar da esperança e da libertação? Sem falar do despertar da indignação e da ira? Sem falar sobre a paixão libertadora e transformadora, como faz Alberone nos seus livros? Devo considerar os movimentos sociais e políticos e as transformações deles resultantes como processos educativos? Enfim, como entender e interpretar, situada no meu tempo e através dos meus olhares urbanos, manifestações de enfrentamentos e submissão de um povo rural que vivencia complexas relações sociais, em que o que chamamos de conformismo, passividade e sujeição pode facilmente ser substituídas por irreverência, agressividade, desafio, resistência e rebeldia?

Nesse esforço de entender esse *mundo diferente*, protagonizado por movimentos sociais caracterizados pela presença de um grande líder personalizado — movimento dos Canudos, movimento do cangaço e coluna Prestes —, a autora trabalha com duas categorias de análise, *submissão* e *rebeldia*, procurando encontrar os momentos (e as condições políticas, sociais e culturais) em que a primeira pode dar origem à segunda. A hipótese levantada é a de que esses movimentos rurais se configuravam não como ação mas como reação às acções de grupos detentores do poder, os proprietários de terra em conjunto com as forças do Estado.

Emília Trindade Prestes termina o seu capítulo defendendo que se deve buscar no universo cultural e simbólico os componentes que possibilitam uma maior compreensão de atitudes de aparente submissão ou de rebeldia. E, recorrendo a Alain Touraine, lembra que são nos domínios da cultura, mais do que na economia, que eclodem as grandes paixões.

O Capítulo 2, "A imprensa periódica: memória da educação", de Áurea Adão e Sérgio Campos Matos, apresenta os pressupostos metodológicos de um projecto de investigação que os autores têm em curso e que visa disponibilizar um roteiro temático de fontes em educação no período correspondente aos três decénios que medeiam entre o final da II Guerra Mundial e a Revolução Portuguesa do 25 de Abril de 1974, um período de profundas transformações nas sociedades europeias, em que o desenvolvimento económico e o alargamento do bem-estar social foram acompanhados por uma tendência no sentido da democratização do acesso aos bens culturais, fortemente condicionados no caso de Portugal pelo regime de Salazar e, no caso em estudo, por um férreo regime de censura prévia.

Os jornais condensam toda uma informação, dispersa e esquecida, em milhares e milhares de páginas publicadas. Como explicam os autores, a elaboração de um roteiro de fontes deve obedecer a critérios lógicos e pragmáticos de funcionalidade, o que obriga a uma selecção de jornais, ou seja, uma amostragem do panorama, apesar de tudo numeroso, da imprensa periódica da época, bem como dos temas que, à luz dos interesses históricos actuais, possam permitir dar uma maior inteligibilidade às questões de pesquisa que atravessam a historiografia geral e educacional.

O capítulo termina com a apresentação de um exemplo concreto: o modo como a imprensa portuguesa da época, na sua (apesar de tudo) diversidade ideológica, noticiou, em 1956, o alargamento da escolaridade obrigatória para 4 anos, abrangendo apenas o género masculino, sendo necessários mais 4 anos (1960) para que tal medida se viesse a aplicar ao género feminino.

O Capítulo 3, "As fontes digitais e a História da Educação: novos horizontes em construção", de Edna Brennand e Ed Porto Bezerra, analisa as potencialidades das tecnologias multimedia (*multimídia*, na norma do português do Brasil) na preservação e, sobretudo, na colocação de fontes e de conhecimentos disponíveis a grande número de investigadores e estudantes, apresentando um programa específico desenvolvido na Universidade Federal da Paraíba (UFPB), em parceria com o Centro Paulo Freire. A finalidade desse programa situa-se, na expressão dos autores, na *construção desta inteligência coletiva* tão necessária para responder aos desafios dos problemas contemporâneos.

No capítulo, Edna Brennand e Ed Bezerra sublinham particularmente três aspectos: (i) a importância das fontes digitais na preservação e resgate da memória histórica; (ii) as imensas potencialidade do digital na ampliação dos utilizadores do conhecimento construído pelos povos; e, (iii) as ricas ligações que se podem estabelecer com formas de educação a distância, que podem ir desde a alfabetização de adultos à formação contínua(da) de professores.

Recorrendo a Castels, os autores lembram que

a força das redes, da imagem, dos novos signos incide sobre nossas formas de pensar e sentir, influenciando e estruturando as relações sociais nos espaços da *produção* (bens e serviços), na *experiência* (ação dos sujeitos sobre si mesmos) e *pode*r (relação entre os sujeitos humanos com base na produção e experiência).

A construção da Biblioteca Digital Paulo Freire, em curso no âmbito do programa descrito neste capítulo, procura responder a esta preocupação, dando um importante contributo para a ampliação da base de pesquisa e para o desenvolvimento de competências na coleta, armazenagem, processamento e disponibilização de conteúdos sobre a vida e obra desse educador *maior* que foi Paulo Freire. Também aqui, a Internet, se democraticamente disponibilizada e utilizada, pode dar um contributo relevante para uma melhor distribuição social da informação e do conhecimento e tornar-se um meio privilegiado de *dialogicidade*, o cerne da epistemologia freiriana.

Por último, no Capítulo 4, "Histórias de vida: auto-representações e construção das identidades docentes", Ana Sofia António defende, a partir de um texto lindíssimo de Carlos Fuentes, a importância do resgate da memória dos actores, neste caso dos(as) professores(as), enquanto elemento privilegiado num processo de investigação. Como sublinha a autora, no âmbito de uma investigação, interessa, muitas vezes, conhecer os "mundos vividos" pelos sujeitos, assim como, perceber a articulação entre as *acções* por eles exercidas e as suas *vidas*. E acrescenta:

> Por exemplo, uma revisão de literatura permite perceber como a teia da problemática se move e encontrar algumas explicações. Mas são as histórias de vida que inibem a estruturação de questões sociológicas a partir de fragmentos e de situações despersonalizadas. Sendo assim, quando se tem como objectivo de estudo explorar ideias e perceber sentimentos, o uso de histórias de vida está, por si só, justificado.

Assumindo esta ligação como ponto de partida, Ana Sofia António desenvolve uma sólida e fundamentada argumentação sobre a importância desta técnica de pesquisa qualitativa, as histórias de vida, no estudo das identidades profissionais. Tomando como objecto os professores, a autora realiza depois uma viagem por alguns quadros teóricos e analíticos de grande interesse e pertinência para os trabalhos neste campo de pesquisa, como os conceitos de *profissionalização* e de *profissionalismo,* sempre com o propósito de lhes dar uma forte dimensão heurística.

Um trabalho que tem como instrumento de investigação as histórias de vida, sublinha a finalizar a autora, circunscreve-se numa perspectiva de apreensão e de compreensão da realidade. Longe de se caracterizar como uma investigação de natureza extensiva, "caracteriza-se antes pelo seu modo singular e significativo, uma vez que nunca se encontram dois modos semelhantes de viver situações humanas".

* * *

As comunidades científicas constroem-se no debate e na interacção. Este livro, que nasceu de uma colaboração entre docentes e investigadores de universidades portuguesas e brasileiras, procura dar um contributo (reconhecidamente limitado) para responder a alguns dos desafios com que a História da Educação se encontra confrontada nos dias de hoje, em que, seguramente, o da renovação de fontes e de metodologias na história dos processos educacionais não será um dos menos relevantes.

Aroeira, Janeiro de 2004

1
HISTÓRIAS EM MOVIMENTO:
da submissão à rebeldia*

Emília Trindade Prestes**

Na década de 90, realizando meu doutorado em estudos latino-americanos na cidade do México, freqüentei um seminário sobre América Latina, em que eram abordadas histórias dos conflitos, a violência, enfrentamentos e repressões dos grupos que ousavam ameaçar os esquemas tradicionais de dominação. Esse era um período em que a sociedade brasileira, vivenciando o seu processo de redemocratização, propiciava a emergência de distintos movimentos sociais entre os quais se destacavam os agrários.

Em todo o país, grupos de camponeses, recuperando espaços políticos, organizados através de sindicatos, partidos, associações e instituições diversas, reivindicavam reformas agrárias e requeriam do novo Estado medidas

---

* Dedico este artigo a Raquel Sosa Elízaga, mestra e amiga.

** Professora do Programa de Pós-Graduação em Educação, da Universidade Federal da Paraíba (UFPB).

efetivas e imediatas contra o monopólio da terra e a violência dela derivada. Ocupando praças públicas, discursavam e entoavam canções exigindo a efetivação da reforma agrária pois sem ela, segundo eles, o Brasil só teria a perder. Apesar dessas manifestações ameaçadoras e, aparentemente, ferozes, que pareciam pressionar e abalar os grupos de poder, essas invasões eram, freqüentemente, dissolvidas pelas forças policiais, e os camponeses, sem grandes alaridos, feitos quixotes sonhadores e vencidos, regressavam em marchas lentas e cansativas, sem rumo certo, para o "quem sabe?". Mas, apesar dessas derrotas, pouco tempo depois, eclodiam outras manifestações e novos enfrentamentos. Eram novas possibilidades de um renascimento das lutas após o período de repressão pós-64. Cenas que, atualizadas, evocavam histórias passadas de enfrentamentos, revelando atos de submissão e de rebeldias.

Todos esses episódios me fizeram questionar: para um grupo de pessoas acostumadas a ser, historicamente, regido por leis particulares e por um poder personalizado no patrão ou no líder, é possível, em curto espaço de tempo, a adoção de novas formas de lutas através das organizações políticas? É possível considerar como novas lutas políticas organizadas as substitutas das velhas formas organizativas? Uma ruptura nos costumes e valores tradicionais? Novas práticas político-pedagógicas? Esses questionamentos me motivaram a descobrir e compreender a história de minha região — o Nordeste — e de sua gente rural. Para tal fim procurei recuperar alguns movimentos específicos e com características próprias que marcaram época na história dos movimentos sociais e políticos da região, do Brasil e da literatura internacional sobre o tema: Canudos, o Cangaço e a Coluna Prestes.

A minha primeira grande preocupação foi: Como vou poder me aproximar do objeto de estudo, imersa em um tempo e um espaço diferentes daquele que pretendo recuperar? Considero que a captura de um objeto de investigação não é tarefa fácil. Tudo o que se refere às descobertas e às invenções, mesmo àquelas que pertencem à imaginação, consiste na capacidade de se julgar um objeto e no poder de moldar e arrumar as idéias sugeridas por ele.

É possível admitir que nunca criamos algo do nada, mas sim de criações anteriores, e que a dúvida é a companheira mais presente e constante do investigador, no seu processo de descoberta. Acredito que a questão geradora é fundamental para a criação e que é ela que permite ao criador evoluir na sua criação. Por fim, creio que seja a questão que, após ser decifrada, permite ao criador apresentar ao mundo a sua criatura: o resultado da investigação.

Assim, muitas foram as vezes que me perguntei: Como pensar, descobrir, representar e descrever de forma interpretativa os movimentos sociais rurais, sobretudo os históricos? Será possível interpretá-los sem mencionar a política, a religião, a economia, a arte/poesia dos grupos? Como posso falar sobre a história dos movimentos sociais rurais sem considerar os poderes, os códigos e as regras que regem/regeram a formação social dessa região e a conduta do seu povo? Como ignorar os valores relacionados com a ética e a moral nas suas vertentes singulares e plurais? Como falar nas histórias coletivas de um povo sem mencionar a competição e a solidariedade, o individualismo e o desapego, valores fortemente propagados nessa sociedade regida por códigos conservadores e culturas tradicionais? É aconselhável falar sobre movimentos sociais e políticos sem mencionar o princípio educativo como forma para o controle de alguns medos humanos, individuais e coletivos? Sem mencionar o medo dos poderes e dos poderosos, visíveis e invisíveis? Sem falar na possibilidade do despertar da esperança e da libertação? Sem falar do despertar da indignação e da ira? Sem falar sobre a paixão libertadora e transformadora, como trata Alberone nos seus livros? Devo considerar os movimentos sociais e políticos e as transformações deles resultantes como processos educativos? Enfim, como entender e interpretar, situada no meu tempo e através dos meus olhares urbanos, manifestações de enfrentamentos e submissão de um povo rural que vivencia complexas relações sociais, em que o que chamamos de conformismo, passividade e sujeição pode facilmente ser substituídos por irreverência, agressividade, desafio, resistência e rebeldia?

Tentativas de entender um mundo diferente

Quando Raquel Sosa estuda as grandes transformações sociais registradas no México durante o período presidencial de Lázaro Cárdenas, ela parte do princípio de que as mudanças se operam sob duas circunstâncias: o "reconhecimento" da necessidade de romper com o passado e a "identificação" do sujeito que torna possível essa transição. Como nenhuma dessas duas formas é espontânea, romper com uma situação certa e conhecida, mesmo sendo desejada e insatisfatória, leva tempo, causa dores e provoca para o sujeito/grupo um desgaste e uma perda de perspectiva. Por último, conclui a autora que as mudanças operadas naquele contexto ocorreram em uma época em que "profunda depresión colectiva, la perdida de fe en las instituciones políticas creadas por la Revolución, dieron lugar a la crítica social de lo vivido, a la violencia, al reconocimiento de sí mismos, de los otros, a la incertidumbre" (Sosa, 1996: 27).

Baseando-me nesses pressupostos, parto do princípio de que o comportamento de rebelião, dos grupos de camponeses nordestinos referenciados, também ocorreu em período de grandes transformações no cenário nacional do Brasil, com reflexo no contexto regional. Suponho que os camponeses também estavam desorientados, sem informações sobre as mudanças processadas nos centros de decisão da República e sem rumos quanto aos seus destinos e que os movimentos de rebelião ou resistência. Os atos de violência não se destinavam a romper com uma situação existente mas sim conservar e defender suas formas de vidas, formas políticas e qualidades morais da sociedade que lhe serviam de referência.

Também entendo que o sistema cultural da região apresenta uma temporalidade e compasso diferenciados de outras regiões da nação, possibilitando que os grupos sociais adotem posturas em defesa de valores tradicionais e conservadores vistos como capazes de lhes oferecerem proteção e confiança. Considero sistema cultural — sem desconsiderar outros sistemas — o que possibilita a essa população, enquanto grupo social, ter comportamentos distintos dos comportamentos de outros grupos sociais inseridos em outras regiões, outorgando-lhes identidade local e regional. Cultura, no meu ponto de vista, pode ser entendida como um complexo conjunto de representações organizadas por um código de relações e valores: tradições, religião, leis, política, ética, artes.

Na sociedade, o sistema cultural, composto por subsistemas menores, inter-relacionados e portadores de diferentes níveis de hierarquia e complexidade, possibilita aos indivíduos, através de relações e articulações vivenciadas, definirem e redefinirem certos comportamentos, preservando ou transformando aspectos da vida social. Esses comportamentos individuais que compõem os processos de interação coletivos possibilitam compreender os "códigos que determinan las estructuras mentales, determinan los sistemas de símbolos presentes en una colectividad, su estructura y su jerarquía, la manera en que se articulan em cada sociedad particular" (González Ochoa, 2000:123).

No caso nordestino, uma sociedade com traço eminentemente agrário, os subsistemas culturais com predomínio de regras de conduta, moral e poder tradicionais asseguram a preservação da ordem estabelecida e as relações de poder (Prestes, 1992). No meio rural, os principais grupos de poder, representando a organização econômica, jurídica e social — a ordem real —, continuam sendo mantidos: os patrões/proprietários, o Estado e a igreja católica, apesar das transformações produtivas oriundas dos processos de modernização da sociedade e, mais recentemente, da globalização e da expansão da religião evangélica. O conjunto desses elementos é o que explica as características sócio-históricas particulares da sociedade nordestina, assim como sua diferenciação das demais sociedades do norte, centro e do sul do país, não obstante existir uma unidade e identidade de conjunto, produto de um mesmo território, sistema político e jurídico, o mesmo idioma e a mesma religião oficial. É também o que explica as diferenças e semelhanças com outros movimentos, sejam eles considerados históricos, populares, culturais ou sociais,[1] de igual natureza, ocorridos em nações e momentos sócio-históricos diferentes.

Ao me propor a entender o fenômeno que denominei "atos de rebeldia e de submissão dos camponeses", tratei de, através de um referencial empírico do social, selecionar alguns movimentos, destacando fragmentos de manifestações de enfrentamentos e de submetimentos que lhes foram característicos. Para uma maior compreensão, elegi como categorias de análise as noções de submissão e de rebeldia.

A oposição submissão/rebeldia (ou rebelião) se constitui um fenômeno complexo e de difícil interpretação, suscitando, por isso, divergências e percepções discordantes. Alguns autores que trabalham com o campesinato põem em manifesto que esse setor é capaz de suportar em silêncio, "e por longos períodos, situações extremas de exploração e de opressão" (Formam, 1979: 35), e que,

---

1. As diferentes concepções de movimentos são discutidas por Alain Touraine em: *Podemos viver juntos? Iguais e diferentes*. Petrópolis, Vozes, 1998.

apesar de viver em condições subumanas e de se manter às margens dos benefícios políticos e econômicos do sistema, são incapazes de, sozinhos, sublevar-se para mudar sua história (Palmeira, 1977; Alavi, 1969; Paiva, 1984; Queiroz, 1976). A realidade, no entanto, vêm mostrando que, mesmo quando ostentam comportamentos de submissão e passividade, algumas das principais rebeliões que configuram a história do Brasil, América Latina e de outros continentes, têm por origem o meio rural (Moore, 1973; Wolf, 1987). No que pese ao encaminhamento e desfecho, quase sempre de massacres e derrotas impostas pelos grupos do poder, essas rebeliões foram reconhecidas como de resistências e enfrentamentos a forças institucionais organizadas.

Assim, caberia perguntar: o que podem levar os grupos 'silenciosos' e reprimidos a se rebelarem? Dissertando sobre as bases e os limites da obediência e da desobediência de grupos de indivíduos subordinados, Moore (1987) afirma que esses indivíduos querem segurança material, identidade, paz, ordem e proteção, em troca da garantia de autoridade legítima. Em troca dessas garantias, são capazes de atribuir um valor inferior a seu trabalho e aceitar a dor e a degradação como moralmente justificados e, "até mesmo, em certos casos, a optar pela dor e pelo sofrimento" (1987: 80). Em contrapartida, quando o "contrato social" é rompido, provoca uma reação de "indignação moral" nesses grupos, despertando-lhes a ira e o sentimento de injustiça e ameaçando a segurança local, regional ou nacional — até mesmo internacional — institucionalmente organizada (Moore, 1973).

Por sua vez, Alberone defende que a história do Ocidente compõe-se de histórias de movimentos religiosos ou políticos. Segundo esse autor, o fato comum que caracteriza esses movimentos e rebeliões é uma situação que ele denomina de "estado nascente", experiência que propicia a indivíduos e grupos coletivos "se reconhecerem, se identificarem e começarem a elaborar uma ação comum" (1991: 13), tornando possível, através da busca de novas perspectivas de realidade, uma mudança de situação e uma libertação.

No entender de Sosa, os movimentos encadeados pelos oprimidos e voltados para sua libertação ocorrem durante fases de crises política, moral e de consciência coletiva. Esses movimentos, algumas vezes levados a efeito de forma violenta, "no es una sucesión simple o azarosa de acontecimentos destructivos, sino expresión de la presencia de un código de relación colectiva que pocos intentan, más allá de sus intereses, desentrañar" (1996:19).

Baseando-me, fundamentalmente, nas idéias desses autores, enfocarei fragmentos de alguns movimentos coletivos registrados no meio rural nordestino, cada um deles portando suas características distintas e conotação específica, mas capazes de oferecerem elementos de compreensão sobre o comportamento de um povo que "se permite vivir complejas relaciones y para quien el conformismo, la pasividad y la sujeción pueden fácilmente ser sustituidas por la irreverencia, agresividad, desafío, resistencia y rebeldía" (Prestes, 1992: 37).

Nordeste: um reino em formação

Marguerite Yourcenar afirma em *Memórias de Adriano* que o escritor de uma novela histórica só é capaz de interpretar com a ajuda dos processos do seu tempo um certo número de fatos passados, de recordações conscientes ou não, pessoais ou não, completando sua distância entre os séculos, mas que é impossível interferir no tempo, conquistar e transformar os fatos ocorridos no espaço passado. Isso não significa, conclui a autora, que a "verdade histórica seja sempre e totalmente inacessível; sucede com essa verdade o mesmo que com todas as outras: nos enganamos mais ou menos" (Yourcenar, 1980: 30-31).

É assim que deverá ser vista a história das histórias que passarei a narrar: fragmentos históricos de movimentos sociais rurais nordestinos mediados por fatos históricos e pela fantasia; representação sobre as manifestações culturais e vivências cotidianas de um povo; reconstruções de movimentos compostos por sujeitos que em seus processos de lutas e resistências transformam seus interesses pessoais em coletivos e convertem-se em sujeitos sociais e históricos; histórias de movimentos percebidas pela literatura acadêmica tanto como estratégias de confrontação e de rechaço às ordens estabelecidas como mobilizações sociais sem conotação política objetiva. Talvez possamos dizer: foram apenas histórias de homens e mulheres, como tantos outros, como todos nós, que, nas nossas cotidianidades, lutamos contra o infortúnio perseguindo utopias.

O Nordeste, enquanto região, ou "existe" (Penna, 1992) ou "foi inventado" (Albuquerque Junior, 1999) a partir de meados do século XIX (Oliveira, 1985). Situado a 45° do norte e do este, comportando nove estados no seu espaço territorial e inserido no espaço geográfico-político-administrativo na nação brasileira — 19% do território nacional —, a região Nordeste deve ser pensada tanto como um processo concreto de relação "natureza/sociedade e das relações sociais estabelecidas nessa produção de riqueza, quanto através das formas de representações simbólicas" (Penna, 1992: 47). Durante o período colonial foi a (região) mais rica do país e, também, desde sua origem, centro de interesses e de conflitivas desigualdades socioeconômicas que o converteram no cenário dos mais expressivos movimentos de resistências e revoltas do país.

No fim do século XIX, quando foi "inventada", a região Nordeste já vivenciava, de forma concreta, os efeitos da sua decadência econômica e política provocada por uma nova divisão internacional de trabalho, pela criação de um mercado interno e pelo surgimento de uma nova oligarquia cafeeira do Sudeste que via o seu produto fortalecido no mercado mundial. Assim, enquanto o Sudeste ganhava força política, organizava a sua produção baseada na mão-de-obra assalariada, proveniente do trabalho emigrante, e desenvolvia uma infra-estrutura moderna para favorecer o mercado e as suas condições socioeconômicas, o Nordeste manteve todas as condições favoráveis para uma situação de atraso e submissão à nova ordem emergente: uma estrutura de propriedade notadamente concentrada, relações de trabalho pré-capitalistas, baseadas na mão-de-obra escrava e não assalariada, maquinária e equipamento obsoleto e inadequado para as novas exigências da produção, além de infra-estrutura de comunicação deficiente. Descapitalizada e em crise pela marginalização de sua produção açucareira e algodoeira no mercado internacional, a região se tornou dependente dos reduzidos preços desses produtos no mercado interno, vivendo o drama da decadência econômica e política.

Os cíclicos períodos de secas, capazes de desorganizar a economia primária da região e provocar ondas de conflitos sociais, passaram a servir como justificação aos interesses dos latifundiários, que exigiam dos governo medidas para empregar a população em "serviços emergenciais" como forma para evitar a dispersão de mão-de-obra. O Estado protegia o latifundista e este podia contar com o emprego da mão-de-obra sumamente barata. O problema da seca se converte na marca registrada da região e no melhor argumento para justificar as diferenças regionais e todos os problemas e tragédias geradas pelas imutáveis situações de pobreza dos seus camponeses. Mas, se a estrutura econômica constitui um fator importante para compreender os processos que determinam os comportamentos coletivos desses grupos, há de se considerar como de igual importância os seus valores, costumes e hábitos — a sua cultura — e, advinda dela, a forma como estes grupos representam a si e a sociedade.

Com efeito, no final do século XIX e primeiros anos do XX, a quase totalidade dos camponeses continuava vivendo debaixo da dependência dos proprietários, o que incluía um pedaço de terra para a agricultura de subsistência, uma pequena palhoça e água para beber, alimentar o gado, e uma pequena plantação. O modelo sociocultural se baseava em vínculos paternalistas, favores e normas de lealdades recíprocas entre o camponês — morador — e o senhor patrão. As narrações e relatos históricos da época revelam que essa população nordestina tinha uma grande resistência a mudanças. Os seus códigos orais, leis, hábitos, religiosidade, lendas, mitos, deuses e até a própria miséria, herdada e conservada, eram signos indiscutíveis de uma ordem estabelecida que lhe proporcionava segurança. A ruptura da relação paternalista e dependente provocava crises de sofrimento entre esses grupos que temiam pelas mudanças operadas em suas vidas e nas relações de trabalho. Por isso os camponeses eram capazes de enfrentar qualquer agente externo que pudesse pôr em perigo a rotina da sua cotidianidade, ainda quando esta os marginalizasse e os alienasse. Assim, era comum que, como resposta à exploração dos proprietários e às condições climáticas da natureza, praticassem atos religiosos de caráter fanático e austero, vistos como capazes de atenderem às suas necessidades, frustrações e pobrezas. Os constantes e prolongados períodos de secas eram percebidos como castigo pelos pecados e por isso apelavam para suas representações imaginárias e, reconhecendo-se como pecadores e merecedores de castigos, imploravam aos santos para que aplacassem suas iras através de músicas religiosas, tais como:

"Deus Nosso Senhor (...),
a seca é tão grande, poeira é atroz,
por nossos pecados, tão grandes são eles,
que fomos castigados" (In Bastide,1980: 93).

Os poetas populares, que eram camponeses e sofridos como o resto da população, expressavam em seus versos as partidas sem rumo, os medos e as inseguranças coletivizadas através de versos deterministas:

"Seca grande começó, que a todos amofinó,
tinha chegado a hora, da gente se ir embora.
Pelo vasto mundo sorte, sai ao encontro da morte" (Op. cit.: 91).

Naquele mundo onde as coisas ditas racionais perdiam sentido em favor do extraordinário, mito e magia referendavam a organização dos grupos, e a morte parecia ser a grande esperança, a felicidade eterna. Enquanto Deus e o Diabo disputavam a alma que "desencarnava", os vivos se despediam do defunto, ajudando-o a atravessar o rio Jordão, símbolo da purificação que o levaria ao céu, cantando:

"Uma incelencia entró no paraíso,
adeus, irmão, adeus, inté o dia do juízo.
Uma incelencia entró no paraíso,
adeus Antonio, adeus, vai rogá a Deus, pru nois na guloria".[2]

Não rara era a confrontação entre o mundo imaginário e o real, o idealizado pelo sujeito e o que concretamente existia. O mundo real, aliás, produzia sensações conflitivas na medida em que não respondia às suas necessidades objetivas e subjetivas — simbólicas. Assim, a religião, introjetada no homem como a grande utopia, transforma-

---

2. Música de caráter religioso de catolicismo rústico, até hoje preservada em alguma áreas da zona rural.

va-se em um mecanismo capaz de apoiar o sujeito em sua reação frente ao concreto indesejável. Mas, na mesma proporção que a religião servia para preservar as suas utopias ou fantasias, conservando intocável um mundo tradicional e uma rotina insólita e sem perspectivas de mudança, ela gerava uma ruptura no cotidiano e na circularidade sem aparente solução de suas vidas, quando surgia um líder "carismático" capaz de transformar a indiferença coletiva em um projeto concreto de luta e enfrentamento. É possível levantar a hipótese de que esses movimentos rurais se configuravam não como ação mas como reação às ações dos grupos detentores do poder: os proprietários de terra em conjunto com as forças do Estado.

Os movimentos messiânicos e o cangaço foram expressões objetivas desse controvertido e complexo sistema cultural, capaz de se opor fortemente a todos os grupos e movimentos portadores de outras referências socioculturais, como foi a resistência camponesa à Coluna Prestes. Mais, além do imaginário social de que formaram parte, esses movimentos possibilitaram a construção/produção de experiências históricas capazes de pôr em relevo e representar os traços fundamentais dos interesses e valores camponeses. Possibilitaram a concretização de atitudes de aparente oposição: submissão e rebeldia.

Movimentos de rebeldia e de submissão

O movimento de Canudos

No fim do século XIX o país atravessava uma crise social, política e econômica: oficializou-se o fim da escravidão, a instauração da República, a transferência do eixo da economia brasileira do Nordeste ao Sul. Os reflexos da crise se estenderam por todo o território e repercutiram nas longínquas e esquecidas áreas da zona rural nordestina. Este momento de desorganização e instabilidade, somado à religiosidade particular do povo e à paisagem miserável e selvagem, intensificou o messianismo nordestino. Os movimentos messiânicos foram a expressão materializada dos contraditórios e ambivalentes valores culturais e morais da terra e da gente. Profetas da salvação eterna, do retorno de Cristo e do rei de Portugal Dom Sebastião e da aquisição da felicidade terrena, os messias, reconhecidos por seus modos austeros, suas constantes penitências e sua ascendência sobre a gente, concentravam ao seu redor centenas de nordestinos — homens, mulheres e crianças — atraídos por promessas de dias melhores, por um mundo mais feliz.

A utopia da maioria desses movimentos era a "cura da sociedade enferma", conforme seus critérios e valores, e a restauração da ordem social perturbada. Caracterizados como "rebelião do povo oprimido" ou movimentos rebeldes camponeses (Martins, 1981), estes, ainda quando não significava a oposição aos grupos hegemônicos e à estrutura de poder do Estado, podiam constituir-se em uma ameaça aos esquemas da ordem vigente. Canudos, exemplo de movimento de caráter messiânico ocorrido no final do século XIX, na zona dos sertões baianos, pretendia, segundo alguns historiadores, restabelecer os valores religiosos e morais perdidos pelas mudanças do regime monárquico à República. Mas se os discursos e preleções de Antônio Conselheiro, seu líder, contra a implantação da República, eram vistos como uma afronta temporal aos desígnios divinos, há de se reconhecer que os rumos desse movimento, composto por uma população vitimada por dura e infernal estiagem, pessoas desesperadas e desesperançadas, representaram, naquele contexto de crises e transformações, um ato de resistência e de desafio ao novo Estado brasileiro. Se o sacrifício de centenas de pessoas não abalou uma situação de marginalização social vivida por esses grupos esquecidos, se a sua função básica foi "a pacificação e a reorganização dos grupos sociais desorientados" e não a liberação dos grupos sociais oprimidos, nem a conformação de uma luta de classe, como conclui Maria Isaura de Queiroz (1969), como fenômeno capaz de organizar grupos "socialmente desorganizados", para resistir e enfrentar grupos de poder organizados, devem ser reconhecidos como práticas políticas, uma ação política de rebeldia, um ato de oposição e de resistência a determinadas relações de dominação.

Se os movimentos messiânicos resultaram no fortalecimento do modelo econômico e político centrado nos interesses da fração hegemônica do sul (Queiroz, 1969), igualmente significaram um tipo singular de confrontação às orientações políticas/ideológicas do novo Estado e, como tais, uma ameaça à hegemonia do sistema dominante. Os propósitos declarados de preservar uma ordem estabelecida, um mundo ordenado, codificado, reconhecido, não impediram aos seus seguidores abrir perspectivas para novas formas de percepção, comportamento e recriação do concreto. Os novos modos em que essas pessoas exercitavam suas práticas religiosas, a forma como alteravam comportamentos herdados e reproduzidos socialmente ao resistir, confrontar e desafiar o sistema de dominação e os poderosos, para viver sua fé sem importar-se com as ameaças e as pressões e os confrontos, possibilitavam a emergência de novas experiências, identidades e práticas sociais. Seria ingênuo esperar que as lutas desenvolvidas por miseráveis peregrinos, que morriam de fome e sede, pudessem significar lutas políticas em defesa de melhores condições de vida, de trabalho e de dignidade coletiva. Não parece ter havido nenhum propósito, nenhuma condição objetiva para questionar o sistema político e econômico em prol das transformações sociais. Mas há de se reconhecer que as novas formas de sociabilidades propiciavam novas experiências individuais e grupais e, como tais, novas formas de comportamentos e percepção da realidade. Em síntese, para um povo catalogado como sem consciência política, o messianismo cumpriu um papel fundamental na medida em que propiciou o desenvolvimento de uma prática organizada ao nível coletivo e estabeleceu condições para criar, simbolicamente, uma unidade em volta de interesses próprios e até um projeto comum (Prestes, 1992: 48).

São essas possibilidades de os grupos vivenciarem novas sociabilidades, adquirirem novos comportamentos e práticas de resistência que permitem caracterizar os movimentos de origem messiânicas como movimentos sociais portadores de uma dimensão social e política.

Para liquidar Antônio Conselheiro e seus seguidores, foram necessárias três expedições compostas por forças da polícia local e militares do exército republicano. Durante o período em que perdurou o confronto, como descreve Manoel Neto:

"os canudenses foram tratados como seres ignóbeis, bárbaros, inferiores e impatrióticos. Eram estigmatizados pela cor, pela miséria, pelo analfabetismo e, paradoxalmente, pela coragem. Homens e mulheres insanos, fanatizados, que punham em risco a integridade da pátria ofendida" (Manoel Neto, 2001: 23).

Quando, finalmente, as tropas nacionais, depois de vários fracassos e mortes de militares, conseguiram reprimir o movimento, no ano de 1897, o século XIX chegava ao fim. As pessoas mudavam seus comportamentos, suas formas de vida, suas idéias. A história fechava um dos seus ciclos. Nas longínquas terras nordestinas, todavia, os ventos que iam e chegavam, continuavam acercando-se e levando ao infinito muito das esperanças sonhadas. Nas tardes quentes e nas noites escuras, costumava-se ouvir cantos de soldados e messiânicos nordestinos, em tons entre tristonhos e burlescos que diziam: "É tempo de morrer, cada um cuide de si" (Cunha, 1977: 61).[3]

Foi, portanto, nesse mundo, em que a racionalidade perdia razão para o mágico, o fantástico, o extraordinário, que figuras como as dos coronéis, jagunços, messias e cangaceiros se conformavam e se confundiam, assumindo uma mesma identidade. Foi através dessas figuras rudes e analfabetas, fanáticas, beatas, violentas, que os esquecidos camponeses, na sua solidão, miséria e alienação, passaram para a história oficial do Brasil. Foi, sobre-

---

3. Música de origem popular nordestina, muito comum no século XIX. Essa música, supostamente, era cantada pelos militares durante o confronto em Canudos.

tudo, através das figuras do beato Conselheiro, e de tantos beatos iguais a ele, com suas loucuras anunciando o fim do mundo pelo fogo, tal como está no Apocalipse, ou a chegada do enviado com seu punhal que sangra e a bala que mata, que se encontra e se repete o fenômeno histórico dos oprimidos.

O movimento do cangaço

Nas primeiras décadas do século XX o mundo sofria os efeitos da Primeira Guerra Mundial. Assim, nos grandes centros urbanos,

"a mística do trabalho ocupava as mentes esperançosas e milhares de serem humanos, ávidos de bem-estar material, de segurança política de novas satisfações culturais. Entre outras expressões do período, o surrealismo liberou o homem da rigidez da razão e convidou seus seguidores a orientar seus interesses em outra realidade, uma supra-realidade, sem os traumatismos éticos e suas imagens dantescas. Ninguém queria recordar a barbárie, o cataclismo, nem o assassinato massivo. Era melhor a fuga do artista e dos espectadores a um mundo irreal onde os pincéis e as tintas e os sons fizessem as vezes dos bálsamos nas feridas causadas pela pavorosa devastação" (Moreno, 1988: 465).

Neste período, nos latifúndios dos sertões nordestinos, a violência, as injustiças sociais, a dominação do patrão e da religião, a fome, a sede e as incontáveis mortes oriundas desse estado de coisas continuavam incorporadas à cotidianidade da vida dos homens e mulheres. A partir dos anos 30, o avanço do capitalismo alterou as relações entre as distintas classes sociais e a divisão do trabalho ao nível regional e setorial. Pouco a pouco a região rompia seu isolamento, e o Estado passou a normalizar e mediar as relações de trabalho, ainda que estas continuassem sendo em favor do grande proprietário. Conservando-se inalterada a estrutura da propriedade e a alta concentração da terra, a modernidade provocou a expulsão de moradores das propriedades rurais. Era o início do êxodo rural, provocado por transformações vistas como produto de alteração da estrutura econômica. Camponeses foram transformados em trabalhadores assalariados, rompendo o entorno social que os aprisionava e os protegia. As mudanças propiciadas pela migração rural propiciaram o surgimento de novas formas culturais no meio dos grupos rurais, alterando a conformação de uma identidade homogênea e propiciando o surgimento de formas heterogêneas de percepção e de comportamento desses grupos.

Foi durante esses anos que os movimentos do cangaço, surgido no Nordeste desde os tempos da Colônia, adquiriram maior visibilidade no cenário regional e nacional do país para, em seguida, entrar em decadência. Formado por heróis "subdesenvolvidos", esfarrapados guerreiros, que cobriam seus corpos famintos de ouro e de pratas, cinturões, fuzis e dentes, o cangaço significou a materialização do fantástico, expressão concreta dos quadros dos pintores surrealistas. Rebeldes por necessidade e opção, provenientes das zonas mais pobres do deserto ou das regiões pecuárias, os cangaceiros foram a expressão singular da organização e da rebeldia do homem rural nordestino. A estrutura rural da época, não apenas propiciava os meios para gerar os bandos de cangaço, como também, criou condições para protegê-los e multiplicá-los. Quanto mais atrasada era uma região, mais propícias eram as condições para a formação dos grupos.

Filhos e herdeiros do estado de miséria transmitido de geração em geração, os cangaceiros tinham nos seus problemas individuais e pessoais a justificação para a formação dos bandos. Tudo que violasse as normas dos seus códigos morais privados e culturalmente restritos era motivo mais do que suficiente para a luta. A vingança, muito comum nesta região, foi um dos principais motivos para o ingresso no cangaço. Tal como os movimentos messiânicos, representava a ordem tradicional e mantinha intocável a estrutura existente, daí ser caracterizado pelos historiadores como um movimento conservador. Mantendo uma atitude dual diante de um dos seus supostos inimigos, os coronéis, ora se aliavam a eles, ora os enfrentavam e os ameaçavam. Para os cangaceiros, as alianças com os coronéis significavam garantias de apoio e de segurança, assim como a abertura de um espaço social e até de certa legitimidade. As proteções dos proprietários poderosas ajudavam aos bandos a sobreviver por longos períodos e propiciavam aos seus chefes prestígio e poder. A garantia da sobrevivência, a segurança e o poder via os grupos dominantes, faziam com que esses grupos, no final das contas, se tornassem integrantes e colaboradores do sistema de poder, de uma estrutura política vigente. Por sua vez, os cangaceiros também eram vistos pelas populações camponesas, ora como heróis ora como bandidos. Ora despertavam horror, em outras ocasiões, simpatias e solidariedade.

Herdeiro da mítica revolta de Canudos, Lampião, considerado o rei do cangaço, apareceu nos sertões no início da década de 1920. Era um bandoleiro místico, que costumava levar no pescoço várias medalhas de santos, inclusive do Padre Cícero do Juazeiro. Orava nas igrejas dos povoados, que invadia e saqueava, para pedir clemência pelos espíritos dos que acabava de matar. Como ele, outros cangaceiros costumavam trazer, junto a seu punhal e sua espingarda, rosários e medalhas que lhes serviam de amuletos. Os crimes e a violência dos cangaceiros eram assimilados pelo povo, acostumado a conviver com um modelo de sociedade onde a justiça se baseava em uma estrutura de mando e desequilíbrio, e onde a violência e os crimes eram atribuídos tanto aos cangaceiros como à polícia.

Certa vez, conta Maciel, Lampião, que se autodenominava "o senhor absoluto dos sertões", convenceu-se de que poderia ser governador, e declarou como proposta:

> "Premero de tudo, querendo Deus, Justiça! Juiz e delegados que não fizer justiça só tem um jeito: passar ele na espingarda! Vem logo as estradas para os automóveis e caminhões! (...) Eu fazia estrada para o progresso do sertão. Sem estrada não pode ter adiantamento. Fica tudo no atraso. Vem depois as escolas e eu obrigaria a todo o mundo a aprender, querendo Deus. Botava, também, muito doutor (médico) para cuidar da saúde do povo. Para completar tudo, auxiliaria o

pessoal do campo, o agricultor e o criador, para ter as coisas mais baratas, querendo Deus" (Maciel, 1986:153).[4]

Lampião, convencido da idéia de que poderia ser o mandatário político, escreveu uma carta ao governador de Pernambuco, nos seguintes termos:

"Senhor Governador de Pernambuco:
Recomendações aos seus.
Faço-lhe esta devido a uma proposta que desejo fazer ao senhor para evitar a guerra no sertão e acabar de vez com as brigas. Se o senhor estiver de concorda, devemos dividir os nossos territórios. Eu, que Capitão Virgulino Ferreira Lampião, Governador do sertão, fico governando toda esta zona de cá por inteiro (...) O senhor, do seu lado, governa sua parte. Isso mesmo. Cada um fica com o que é seu. Pois então é o que convém. Assim ficamos os dois em paz, nem o senhor manda seus macacos me emboscar nem eu com os meninos, atravessamos a extrema, cada um governando o que é seu sem haver questão. Faço esta por amor à paz que eu tenho e para que não se diga que eu sou um bandido, que não mereço.
Aguardo sua resposta e confio sempre. Capitão, Virgulino Ferreira Lampião, governador do Sertão." (Idem:154)

Um mito, símbolo e exemplo, os famosos cangaceiros foram temas de canções e poesias, a maioria de domínio público, que se integraram à literatura folclórica do cordel, como esta:

---

4. Citado em Frederico Bezerra Maciel, *Lampião, seu tempo e seu reinado*, p. 153.

"Lampião chegou ao inferno, foi um tremendo estropio. Entra, não entra, diziam os diabos bem danados. Bezebu, bicho de tino pensou: Vamos ver as intenções. Se vem pra ser meu subalterno: vou impor as condições. Lampião não deu ouvido e logo disse raivoso: lugar onde ponho o pé, empurro todos prum lado. Eu vim aqui pra mandar, pra dar surra em sem-vergonha. Vou arrumar o inferno, Jesus vai ser consolado." (Diegues Junior, 1960:41)

Mas os cangaceiros não eram apenas o símbolo de valor e força. Também representavam a figura viril e machista de uma sociedade contraditória com sua rígida moral e costumes ambivalentes e difusos. Uma sociedade em que a sensualidade e a sexualidade de sua gente, precocemente despertadas, pelo tipo de clima, comida e regras sociais, eram objeto de repressão: a virgindade, o altruísmo e a monogamia, revestindo-se de uma importância primordial, tornavam-se motivo de vingança com sangue, ou simultaneamente eram fatos sem a menor importância, isentos de toda reprovação ou crítica. Foi nessa sociedade de inexata moralidade que o domínio público criou poesias, exaltando a sedução de Lampião, como esta:

"Luares de mortas luas e luas de solidão; Na pisada da caatinga e no compasso do pilão; Minha mãe me dê uma lua; Que eu vou buscar Lampião; O chapéu de Virgulino; E uma lua na rede; Nos braços do capitão; Esquentando o seu corpo; Nos invernos do sertão." (Diegues Junior, 1960: 42)

Os cangaceiros, conscientes da atração mítica que exerciam sobre o povo, costumavam animar suas festas com uma canção transformada em hino do bando, no qual os "cabras", com suas línguas arcaicas, praticamente desconhecidas e incompreensíveis para a população urbana e para a gente letrada, descreviam as façanhas e vitórias de seu chefe e falavam de suas mulheres deste modo:

> "Olé, muiê rendera, Oié, muiê renda. Tu mi insina a fazer renda, Que t'insino a namorá (...) Trupicó, pru mim num fica, soluçó vai no borná".[5]

A derrota do bando de Lampião e a sua dificuldade, e até impossibilidade, de recomposição no ano de 1928, se deu mais devido à seca que à intensa e longa perseguição sem trégua da polícia. A maioria dos cangaceiros se entregou, e foi fácil de ser capturado devido à fome. Havia dinheiro em suas bolsas, mas não havia legumes, farinha, rapadura, carne ou qualquer outra coisa para comer ou comprar. Somente nas cidades é que se encontrava algo para vender ou comer, mas era impossível o bando se aproximar delas por causa da polícia (Maciel, 1986: 278).

O fim do cangaço e da história de Lampião representou, também, um processo de mudanças nas formas de enfrentamentos e lutas camponesas, apesar da credibilidade do patrão resistir ao tempo. Nesse mundo em que a racionalidade perde razão para ser substituída pelo mágico ou o extraordinário, figuras como as dos coronéis, jagunços, messias e cangaceiros se conformam e se confundem, assumindo uma mesma identidade. Foi através dessas figuras rudes e analfabetas, fanáticas, beatas, violentas, que os esquecidos camponeses, em sua solidão, passaram para a história oficial do Brasil.

---

5. Música de domínio público, referência às músicas e bailes dos cangaceiros.

A Coluna Prestes

No decorrer dos anos 1920, enquanto nos grandes centros urbanos do Brasil as velhas concepções dos latifundistas, resistentes a mudanças, integravam-se às idéias liberais dos burgueses emergentes, os coronéis nordestinos continuavam irredutíveis a qualquer transformação. Nessas áreas as grandes propriedades continuavam intocáveis e pareciam muito pouco ameaçadas por grupos alheios ao meio. Quando existia uma ameaça externa, capaz de romper a rotina existente, prontamente se estabeleciam acordos e alianças entre os coronéis proprietários da terra, cangaceiros e messias.

A luta pelo progresso industrial, identificada com as noções de ordem e segurança, processada na estrutura política e econômica do país, propiciava novas idéias e o surgimento, no sul do país, de uma série de rebeliões de origem militar, tendo à frente jovens tenentes. No dia 5 de julho de 1922, ocorreu a primeira conspiração, no Rio de Janeiro. Após dois anos, no dia 5 de julho de 1924, os militares de São Paulo se rebelaram provocando enorme repercussão em todo o país. Três meses depois, um levantamento ocorrido no Rio Grande do Sul, tendo como comandante um jovem capitão de nome Luiz Carlos Prestes, fortaleceu as tropas insurgentes paulistas, que continuavam resistindo às forças governamentais, nas áreas interioranas do estado do Paraná. O encontro das duas forças propiciou o surgimento de uma das organizações de maior relevância e notoriedade na história dos movimentos políticos no Brasil: a Coluna Prestes.

A Coluna Prestes significou, naquela ocasião, a síntese das contradições entre as novas e as velhas idéias vigentes no Brasil. As propostas de progresso, unidas e respaldadas pela noção de ordem, eram defendidas de forma particular, tanto pelas oligarquias agrárias como pela burguesia emergente.

Independentemente das intenções iniciais da Coluna Prestes: "regenerar os costumes políticos", "recuperar o dinheiro que roubam os maus governos, evitando que o governo inglês se apodere de nossas alfândegas e de nossas ricas colônias para cobrar a dívida do Brasil", propiciar aos brasileiros um governo de "homens arraigados a suas nobres tradições, capazes de promover um eficiente programa de moralização nacional", a "Grande Marcha Revolucionária" (Sodré, 1980: 47-48), iniciada no dia 30 de abril de 1925, rumo aos longínquos interiores brasileiros, representou junto com os movimentos messiânicos e o cangaço, ainda que em uma perspectiva distinta dos dois movimentos anteriores, uma força capaz de ameaçar e colocar em risco a ordem estabelecida.

Na segunda metade do mesmo ano de 1925, a Coluna Prestes penetrou na região Nordeste, carregando em seus ideários propostas de transformação social do meio rural. Nesta mesma época os devotos do padre Cícero — famoso messias dos sertões do Estado de Ceará — eram intimidados pelas terríveis maldições e desgraças que sucederiam se rompessem seus compromissos de lealdade e de obediência ao padrinho, padre Cícero. Por isso os beatos — inclusive o cangaceiro Lampião, devoto do padre Cícero — tratavam de cumprir todas as suas orientações e ordens, ainda quando fossem absurdas.

A chegada da Coluna Prestes nestes meios rurais, um grupo alheio ao grupo e à cultura local, com formação e experiência de militarismo urbano, com outras experiências socioculturais e propagando uma mensagem de revolta e de transformação, significava um risco de ruptura em um universo comunitário onde, aparentemente, todos tinham objetivos comuns, interesses e práticas cotidianas homogêneas.

O governo aliou-se aos coronéis nordestinos e começaram a difundir uma série de atributos negativos contra a Coluna, propagando-se no meio rural e nas cidades interioranas que seus integrantes eram perigosos e violentos, assaltantes e assassinos, e que as tropas iam expulsar os camponeses de seu meio rural. Diante dessas ameaças, os camponeses, na tentativa de preservar um mundo que lhes viu nascer e crescer e que representava a segurança e a proteção, uniram seus medos e suas cóleras às dos coronéis e dos governos, e junto com eles organizaram milícias particulares para combater os revoltosos. Estes, geralmente, eram recebidos a bala e, nas suas andanças, muitas pessoas fugiam aterrorizadas para as zonas desertas ou para as montanhas, abandonando povoados, casas a plantações. Esta era, portanto, a reação dos homens rurais contra a Coluna Prestes, apesar dos propagados propósitos dos seus dirigentes em mudar e melhorar as condições de vida dessa população.

O grande confronto entre as forças contra-revolucionárias e os insurgentes, no ano de 1926, teve como cenário o município de Piancó, localizado nos sertões do estado da Paraíba. Ali a Coluna Prestes, ainda perseguida e combatida de forma violenta, pôde dominar o município, depois de cinco dias de intensos combates e de inúmeras perdas de ambos os lados, mas tendo que pagar um alto preço nesses combates, abandonou a Paraíba rumo ao estado de Pernambuco, terminando sua longa caminhada de aproximadamente vinte e cinco mil quilômetros. Dos 1.200 homens que iniciaram a marcha, restaram 620 sobreviventes, capazes de romper o cerco das tropas das polícias estadual e nacional que os perseguiam. Nas suas lutas, os integrantes da Coluna Prestes foram capazes de desafiar o poder e os exércitos particulares dos coronéis nordestinos, compostos de jagunços, mercenários, cangaceiros e, inclusive, camponeses pobres, que necessitando de terra, casa, pão e água, se submetiam às ordens dos donos das terras.

Apesar do discurso sobre as mudanças no meio rural, a Coluna Prestes não conseguiu despertar as energias do povo para a luta por melhores condições de vida. Como afirmou Sodré,

> "a Coluna, operando no interior isolado pelo latifúndio (...), não encontrou só na natureza dos sertões os obstáculos, mas, sobretudo, na sua própria gente, mantida na miséria e na ignorância. (...) A Coluna não teve condições para superar tudo o que o atraso expunha como uma dolorosa realidade de nosso país. A concepção idealista e pequeno burguesa, que estava nas suas origens, receberia assim, de forma contundente, sua mais grave derrota. Uma causa nem sempre é aceita e consentida por ser justa. É necessário mais do que isso: que ela encontre correspondência no mesmo nível de consciência dos mesmos que pretende liberar" (1980: 56).

Se naquele contexto a Coluna e seu comandante, Luiz Carlos Prestes, não foram capazes de "vencer a desconfiança" dos camponeses e oferecer respostas mais precisas e concretas sobre as necessidades de um povo, visto de perto, em suas condições de misérias, ela conseguiu com suas lutas e resistências abalar as bases das tradicionais oligarquias, ferir a velha República e projetar seu líder como herói nacional.

Histórias sem fim

O encerramento do século XX marca o final de uma etapa na história dos movimentos sociais e políticos do Nordeste do Brasil, caracterizados pela presença do grande líder personalizado. Esses movimentos constituíram-se como as expressões mais nítidas do despertar de um povo acostumado a sua própria miséria. A realidade presente, entretanto, continua sendo, ainda, representada por marcas e características do passado. Por mais que as organizações, as instituições da sociedade, como os sindicatos, os partidos políticos e as representações camponesas, assumam o discurso da participação e das mudanças; por mais que a Constituição amplie os direitos dos trabalhadores do campo; que o Estado desaproprie latifúndios para distribuir a uma parcela da população camponesa, quais as opções que ficam para uma população que nem sequer sabe assinar seus nomes? Quais as chances desse grupo garantir a produção e a comercialização, sem capital e sem informação? Sem, inclusive, conhecer os próprios direitos que lhe são dados pela "Lei da Nação"?

Mesmo que a modernidade coloque em pauta novas práticas de organização e mobilização das lutas camponesas, a dimensão cultural tradicional e conservadora continua regendo o contrato social implícito, dificultando as transformações. Para tanto, seria necessário que, simultaneamente, as transformações registradas nas condições sociais de produção e nas relações de trabalho fossem rompidos a sua cultura, seus valores, sua ética e moral tradicional em suas experiências cotidianas. Mas o "princípio da conservação" não exclui o "princípio da mutação social".

No caso dos camponeses da região Nordeste do Brasil, as marcas de rompimento na estrutura social desse meio são evidentes. São eles, atualmente, através de suas organizações políticas, quem mais clara e profundamente vêm resistindo e enfrentando as várias formas de violência social registradas naqueles meios. Entre avanços e recuos, ganhos e perdas, vão conseguindo ampliar seus espaços políticos e adquirindo e obtendo alguns ganhos no âmbito da distribuição de terra e dos preços dos produtos agrícolas. Vão obtendo espaços, ainda que pequenos, na melhoria das suas condições de vida e de trabalho, nas suas lutas pelo fim da violência no campo; vão, através das pressões aos poderes públicos, fazendo-se visíveis para as suas reivindicações. Estas conquistas, ainda que tímidas, não devem ser subestimadas.

Para um povo que na era da comunicação e da economia globalizada ainda se permite viver complexas relações sociais em um compasso distinto daquele dos outros grupos, que persiste em preservar seu mundo particular, há de se continuar buscando no universo cultural e simbólico os componentes que possibilitam uma maior compreensão de atitudes de aparente submissão ou de rebeldia. Aliás, como entende Touraine, os novos combates em busca de justiça e dos direitos sociais são travados nos domínios da cultura. É mais "nos domínios da cultura do que no da economia que eclodem as grandes paixões" (Touraine, 1999: 363).

No momento em que a sociedade brasileira, imersa em uma situação de temor pelas incertezas do amanhã, trata de alcançar os direitos humanos fundamentais, admitimos neste presente aquilo que, em um longínquo passado, Plutarco e Marco Aurélio não ignoravam: "que os deuses e as civilizações passam e morrem" (Yourcenar, 1980: 313). A história, entretanto, continua. Esta é pois uma história sem fim. Histórias fragmentadas de submissão e de rebeldia de um povo que habita um "reino" chamado Nordeste. Um reino em formação.

Bibliografia

ALBERONE, Francesco. *Gênese. Como se criam os mitos, os valores e as instituições da civilização ocidental.* Rio de Janeiro: Rocco, 1991.

ALBUQUERQUE JR., Durval Muniz de. *A invenção do Nordeste e outras artes.* Recife/São Paulo: FJN/Ed. Massangana/ Cortez, 1999.

BASTIDE, Roger. *Brasil, terras de contrastes.* São Paulo: Difel, 1980.

CUNHA, Euclides da. *Los Sertones.* Nuestros Clássicos, n. 50, México. D.F. UNAM, 1977.

CUNHA, Euclides da. *Os sertões*. Edição crítica de Walnice Nogueira Galvão, São Paulo: Brasiliense, 1985.

DIEGUES JÚNIOR, Manuel. O engenho de açúcar no Nordeste. *Documentário da vida rural*, n. 1. Rio de Janeiro, Ministério da Agricultura, Serviço de Informação Agrícola, 1952.

FORMAN, Shepard. *Camponeses; sua participação no Brasil*. Rio de Janeiro: Paz e Terra, 1979.

GONZÁLEZ OCHOA, César. "La antropología, ciencia de la cultura". In: PEREZ TAYLOR, Rafael. *Aprender, comprender la antropología*. México: Compañía Editorial Continental, 2000.

MACIEL, Frederico Bezerra. *Lampião, seu tempo e seu reinado*. Petrópolis: Vozes, 1986.

MOORE JÚNIOR, Barrington. *Injustiça: as bases sociais da obediência e da revolta*. São Paulo: Brasiliense, 1987.

_____. *Origens sociais da ditadura e da democracia: senhores e camponeses na construção do mundo moderno*. São Paulo: Martins Fontes, 1973. (cópia)

MORENO, Francisco Martins. *México negro. Una novela política*. México: Editorial Joaquín Mortís, 1998.

NETO, Manoel; DANTAS, Roberto. *Os intelectuais e Canudos: o discurso contemporâneo*. Salvador: Ed. da UNEB, 2001.

OLIVEIRA, Francisco de. *Elegia para uma re(li)gião*. Sudene, Nordeste. Planejamento e conflitos de classes. Rio de Janeiro: Paz e Terra, 1977.

PAIVA, Vanilda. Pedagogia e luta social no campo paraibano. In: *Educação & Sociedade*. São Paulo: Cortez/CEDES, ano VI, n. 18, ago. 1984.

PALMEIRA, Moacir. Casa e trabalho. Notas sobre as relações sociais na plantation tradicional. In: *Contraponto*, Rio de Janeiro: 1977.

PENNA, Maura. *O que faz ser nordestino. Identidades sociais, interesses e o "escândalo" Erundina.* São Paulo: Cortez, 1992.

PRESTES, Emília Maria da Trindade. *La iglesia y los movimientos sociales em Brasil: actos y fragmentos de sumisión y rebeldía.* (Tese de Doutorado). Estudios latinoamericanos. Universidad Nacional Autónoma de México, 1992.

QUEIROZ, Maria Izaura Pereira de. *Historia y etnologia de los movimientos mesiánicos.* México: Siglo Veintiuno, 1969.

SODRÉ, Nélson Werneck. *A Coluna Prestes: análises e depoimentos.* Rio de Janeiro: Civilização Brasileira, 1980.

SOSA ELÍZAGA, Raquel. *Los códigos ocultos del cardenismo.* México: Plaza y Valdés Editores y Universidad Nacional Autónoma de México, 1996.

TOURAINE, Alain. *Podemos viver juntos? Iguais e diferentes.* Petrópolis: Vozes, 1999.

WOLF, Eric. *Las luchas campesinas del siglo XX.* México: Siglo Veintiuno, 1987.

YOURCENAR, Marguerite. *Memórias de Adriano. Seguido de caderno de notas de memória de Adriano.* Rio de Janeiro: Nova Fronteira, 1980.

2

A IMPRENSA PERIÓDICA:
memória da educação

*Áurea Adão**
*Sérgio Campos Matos***

É indiscutível que a imprensa periódica constitui uma fonte imprescindível para o estudo da história contemporânea nos mais variados domínios. Nela se exprime, directa ou indirectamente, a opinião pública (no sentido de opinião publicada). Mas, a imprensa periódica foi igualmente, e até à difusão alargada de outros meios de comunicação de massas (televisão, Internet), o principal instrumento de formação dessa mesma opinião pública. E continua, ainda hoje, a ocupar uma função de grande destaque: para além do alcance directo que tem, não se es-

---

* Historiadora. Professora da Universidade Lusófona de Humanidades e Tecnologias, Lisboa.

** Historiador. Professor da Faculdade de Letras da Universidade de Lisboa.

queça a divulgação dos seus conteúdos através de outros *mass-media*.

Portugal constituiu e constitui ainda hoje um caso singular na Europa ocidental, com os seus baixos índices de leitura de periódicos. E, no entanto, os jornais e revistas continuam a proliferar não apenas nas cidades mas na província, como, de resto, sucedia já no século XIX.

A ideia que presidiu à elaboração do projecto A Educação na Imprensa Periódica Portuguesa (1945-1974)[1] foi, desde o início, a de colocar à disposição dos investigadores um roteiro temático de fontes que dizem respeito aos três decénios que medeiam entre o final da II Guerra Mundial e a Revolução do 25 de Abril de 1974. Este período corresponde a um tempo de profundas transformações nas sociedades europeias, em que o desenvolvimento económico e o alargamento do bem-estar social entre camadas mais amplas, foram acompanhados por uma tendência no sentido da democratização do acesso aos bens culturais. No entanto, o Portugal de Salazar manteve-se, em larga medida, alheio a esta tendência, que apenas se

---

1. Este projecto, subsidiado pela Fundação para a Ciência e a Tecnologia e pela Fundação Calouste Gulbenkian, tem a duração de 30 meses e iniciou-se em Março de 2001. A equipa é constituída pelos autores desta comunicação e pelos Drs. Daniel Rosa, José Carlos Cruz, Maria José Remédios, Maria Manuel Calvet Ricardo e Raúl Mendes, e, ainda, por quatro colaboradores (Dr.ª Ana Bela Morais, aluna de Mestrado do Departamento de História da Faculdade de Letras de Lisboa, Cristóvão Santos, Ricardo Caetano e Sandra Barata, alunos da Licenciatura de Ciências da Educação, da Universidade Lusófona de Humanidades e Tecnologias).

veio a esboçar a partir dos anos sessenta, sobretudo no período marcelista (1968-1974).

Os jornais condensam toda uma informação, dispersa e esquecida, em milhares e milhares de páginas publicadas ao longo do período que escolhemos. Informação que, em muitos casos, não se encontra em outras fontes a que recorre o historiador (documentação de arquivo, anuários e outras publicações oficiais, *Diário* da Assembleia Nacional, estudos então publicados, e outros). Muitas vezes, não é fácil localizar uma notícia específica nesse imenso caudal informativo (e desinformativo) da imprensa do Estado Novo. Justifica-se, pois, inteiramente a vantagem em dispor de um instrumento que facilite a pesquisa, tornando as fontes mais acessíveis numa ordem temática e cronológica.

Por razões óbvias, a elaboração de um roteiro deste tipo deve obedecer a critérios lógicos e pragmáticos de funcionalidade, que obrigam a uma selecção de jornais, ou seja, uma amostragem do panorama, apesar de tudo numeroso, da imprensa periódica da época. Interessa considerar não apenas jornais diários publicados nas duas maiores cidades (Lisboa e Porto) — afinal, as únicas na época à escala europeia — mas a imprensa de província. E, claro está, diversificar os títulos tendo em conta as diversas sensibilidades políticas que, malgrado a acção da censura, nunca deixaram de se afirmar, ainda que muitas vezes de um modo dissimulado. Do *Diário da Manhã* (órgão oficial do partido único, a União Nacional / Acção Nacional Popular), aos *Comércio do Funchal, Diário de Lisboa, O Jornal do Fundão* e *República* (em que se exprimiram vozes que não se encontravam em sintonia com o regime), passando pelos quotidianos noticiosos *Comércio do Porto*, *Diário de Notícias* e *O Século*, até ao *Novidades*, ligado à Igreja católica, vai uma distância que, todavia, só se torna clara com uma leitura atenta dos textos.

Além disso, um roteiro tem que ser temático, obedecendo a critérios históricos que se prendem necessariamente com a história da educação que se faz nos dias de hoje. Temáticas como alfabetização, analfabetismo, educação cívica, investigação científica, métodos pedagógicos, movimento estudantil, níveis e instituições de ensino, entre outros, estarão presentes.

1. A censura prévia

O período de 1945 a 1974 corresponde a um tempo em que se publica um número mais elevado de periódicos de educação e ensino em cada ano, relativamente ao tempo anterior do Estado Novo (1933-1944) e da I República (1910-1926), para não falar da Monarquia Constitucional oitocentista. Mas, como seria de esperar, o número de periódicos fundados em cada ano é, em média, mais baixo do que aquele que vai do início da I República aos anos da Ditadura Militar. No período do Estado Novo nota-se uma diminuição do aparecimento de novos periódicos mas, por outro lado, "uma maior estabilidade editorial".[2] No entanto, se considerarmos a imprensa pe-

---

2. Nóvoa, António (1993). *A imprensa de educação e ensino. Repertório analítico (séculos XIX e XX)*. Lisboa: Instituto de Inovação Educacional (pp. XXXIX-XL).

riódica no seu todo (número total de publicações existentes), logo notamos uma quebra significativa, relativamente ao decénio de 1930, no número de novos títulos que iniciaram a sua publicação.[3]

Estas tendências não são alheias aos condicionalismos políticos do regime autoritário e conservador de Salazar — partido único, polícia política, ausência de liberdade de expressão, censura prévia, endoutrinação sistemática da juventude —, aproximando-se, em diversos aspectos, dos programas totalitários da Itália de Mussolini e do III Reich de Hitler.

A censura foi introduzida pouco depois do pronunciamento de 28 de Maio de 1926 que instaurou a Ditadura Militar, pondo termo à curta experiência da I República. Desde essa data (24 de Junho daquele ano), os periódicos eram obrigados a mencionar "Este número foi visado pela Comissão de Censura". E, ao invés do que sucedera durante alguns anos da vigência da I República, em que os cortes introduzidos davam lugar a colunas em branco (o que permitia ao leitor ter uma noção da actividade censora), na Ditadura Militar e, depois, no longo período do Estado Novo tal não se verificava.

A Constituição de 1933 não mencionava explicitamente o termo censura, mas referia a intenção de "impedir preventiva ou repressivamente a perversão da opinião pública na sua função de força social" (artº 8º). Múltiplos

---

3. Ó, Jorge Ramos do (1990). Salazarismo e cultura. *In* Serrão, Joel & Marques, A. H. Oliveira (dirs.), *Nova história de Portugal*. (Vol. XII). Lisboa: Ed. Presença (p. 442).

diplomas regulamentaram a acção desta instituição que tão profundas consequências teve na cultura portuguesa da época. Um dos mais relevantes foi o de 11 de Abril desse mesmo ano de 1933, que estabelecia que as comissões de censura ficavam sob a tutela do Ministro do Interior por meio da Comissão de Censura de Lisboa (artº 6º). Segundo esse Decreto-Lei, a Censura tinha o propósito de "impedir a perversão da opinião pública na sua função de força social", defendendo-a "de todos os factores que a desorientem contra a verdade, a justiça, a moral, a boa administração e o bem comum...".[4]

As suas consequências depressa se fizeram sentir. A mais evidente traduziu-se na proibição de numerosas revistas culturais, como *Cultura* (1929-31), *O Globo* (Nov. 1933), *O Diabo* (1933-40), *Sol Nascente* (1937-40), entre muitas outras, algumas delas mortas à nascença.[5] Com base num relatório oficial, da responsabilidade do Secretariado de Propaganda Nacional (SPN), verifica-se que o número de periódicos de província conotados com a Oposição teria baixado, entre 1933 e 1934, de 81 para 56 (menos 25%), enquanto os "situacionistas" teriam crescido de 101 para 148 (mais 47%).[6] Em 1945, outra fonte oficial já só referia a existência, em todo o país, de 9 pe-

---

4. Decreto-Lei n.º 22 464, transcrito por Tengarrinha, José (1989). *História da imprensa periódica*. (2.ª ed.). Lisboa: Ed. Caminho (pp. 306-307).

5. Veja-se Azevedo, Cândido de (1999). *A censura de Salazar e Marcelo Caetano. Imprensa, teatro, cinema, televisão, radiodifusão, livro*. Lisboa: Editorial Caminho (pp. 94-99).

6. Idem, pp. 169-170.

riódicos "hostis" ou "eventualmente hostis" ao Estado Novo,[7] ou seja, apenas 3,4% do total de publicações (262). No entanto, no ano crítico de 1961, em entrevista ao jornal brasileiro *O Globo*, Salazar afirmava: "... em rigor não temos censura aqui. Os jornais circulam tal como são redigidos ou impressos, sem alteração de uma linha. Existe uma Comissão de Censura, que, todavia, praticamente não tem que fazer". Poder-se-ia pensar que o Presidente do Conselho ironizava perante uma pergunta incómoda do jornalista brasileiro Alves Pinheiro.

Na verdade, Salazar estava bem consciente do efeito devastador da censura: "O Governo conseguiu disciplinar a Imprensa, torná-la um elemento construtivo e não uma força deletéria, demolidora. Hoje os nossos jornalistas não precisam de censura, porque actuam apenas nos termos da lei, mas segundo uma ética de comedimento, de equilíbrio, como convém ao interesse nacional".

Sublinhe-se, aliás, que um diploma datado de 1944 colocava a controversa instituição da Censura na dependência directa do chefe do governo (e, já não, do Ministério do Interior, como até essa data): Salazar nomeava o secretário do SNI[8] e com ele despachava.[9] Como se esta medida não fosse suficiente, em Outubro de 1962 (ano da crise académica e já da guerra em Angola, recorde-se), o Presidente do Conselho insistiria que "a) Os Servi-

---

7. Barreto, José (1999). Censura. *In* Barreto, António & Mónica, Maria Filomena (coords.), *Dicionário de História de Portugal. Suplemento*. (Vol. VII). Porto: Livraria Figueirinhas (p. 277).

8. Secretariado Nacional de Informação, que substituía o extinto SPN.

9. Decreto-Lei nº 33 545, de 23 de Fevereiro de 1944.

ços de Censura dependem exclusivamente da Presidência do Conselho e não recebem ordens de qualquer outro departamento de Estado (...) d) Em caso de dúvida, mesmo não eliminada pela consulta aos Ministérios acima referidos [Ultramar e Negócios Estrangeiros], deve a mesma ser submetida à apreciação do Ministro Adjunto da Presidência ou ao Presidente do Conselho".[10] As instruções dirigidas aos censores eram inequívocas: sem prejuízo de consultas prévias dirigidas àqueles Ministérios, a sua actividade dependia directamente do chefe do governo.

Assinale-se ainda o carácter preventivo das instruções que o regime fornecia aos serviços censórios. Exemplo disso é uma circular de 24 de Janeiro desse mesmo ano de 1962, que estatuía pormenorizadamente as referências noticiosas a actividades estudantis que deviam ser censuradas: devia eliminar-se todo o conteúdo político ou social "e em especial as que sejam contrárias ao acatamento devido ao Governo, às autoridades públicas, ao professorado, e bem assim as que preconizem perturbações de ordem pública ou incitem à indisciplina". Suprimiam-se ainda notícias relativas a greves, manifestações ou prisões de estudantes "por motivos político-sociais". E, nas alusões a julgamentos judiciais, eliminava-se a referência a estudantes.[11]

Pode perguntar-se: seria a censura sempre eficaz? Obviamente que não. Por um lado, devido à ignorância

---

10. Despacho do Presidente do Conselho, de 20 de Outubro.
11. Cf. Azevedo, Cândido, op. cit., pp. 447-448.

de muitos dos censores, não raro, ex-militares na reserva ou reformados com a patente de majores ou coronéis. Por outro, devido à subtileza e à inteligência dos jornalistas que aprenderam toda uma linguagem cifrada e, até mesmo, o recurso a comentários reprovativos de certos acontecimentos que desagradavam ao regime. Exemplo desse expediente é-nos dado por Mário Ventura. Para noticiar manifestações de estudantes em Lisboa, nos anos 60 (algumas delas violentas), dizia ele, "só o conseguíamos sob formas muito sibilinas, como esta: *estudantes desordeiros tentaram manifestar-se na Baixa, obrigando a polícia a intervir pela força*".[12] Deste modo, os leitores interessados na notícia procurariam obter, por outros meios, mais informações. Mas, como reconhece este antigo jornalista e ainda hoje escritor, para o leitor comum a notícia não passava daquilo que referia; e, julga ele, que a simples adjectivação envolvia uma tomada de posição.

Relativamente ao periódico *Via Latina*, órgão da Associação Académica da Universidade de Coimbra, lembra José Carlos de Vasconcelos que a Censura chegava a eliminar metade ou mais das suas páginas, embora os redactores procurassem evitar inserir textos "directamente políticos". Diz ele: "A censura cortava notícias sobre actividades universitárias e associativas, artigos ou textos sobre o movimento estudantil (qualquer referência à desejada "democratização" do ensino, designadamente do acesso às universidades, era proibida), os problemas pe-

---

12. Ventura, Mário (1999). Os jornalistas, os jornais da época e a censura. *In* Azevedo, Cândido, op. cit., p. 366.

dagógicos, a cultura, em especial o cinema e o teatro, o próprio desporto, etc.".[13] Aquele jornal acabaria por ser retirado do mercado e proibido, por ter publicado toda uma primeira página sobre o I Encontro Nacional de Estudantes.

Para os últimos anos da década de 60 e primeiros da de 70, poder-se-ia pensar que o Governo de Marcelo Caetano se traduziu numa outra política de informação. No início, a Censura — que passou a designar-se por "Exame prévio" com a adopção da Lei de Imprensa de 1971, a única desde 1926 — parece ter afrouxado a estreiteza da sua actuação, correspondendo assim, em parte, às expectativas de abertura política do regime. O novo Presidente do Conselho exprimiu repetidamente uma intenção favorável à sua futura abolição. Mas, em seu entender, a conjuntura da guerra em África obrigava à sua manutenção por um período indeterminado de transição.[14]

As disposições de 15 de Novembro de 1968 extinguiram o SNI, transitando os serviços de Censura para a responsabilidade da Secretaria de Estado da Informação, deixando assim de estar na dependência directa do chefe do governo. Mas os pormenores em que entrava aquele diploma[15] indiciavam a tónica na continuidade de critérios e de métodos. Entre outros pontos, chamava-se a atenção dos censores "para tudo quanto ponha em causa pro-

---

13. Vasconcelos, José Carlos de (1999). Memória(s) do nojo e da indignação. *In* Azevedo, Cândido, op. cit., p. 476.

14. Barreto, José, op. cit., p. 282.

15. Assinado por César Moreira Baptista, subsecretário da Presidência do Conselho.

blemas ligados a reivindicações de salários e reivindicações académicas, sobretudo quando formulados em termos demagógicos ou de subversão"; deviam suspender-se "em regra" inquéritos e entrevistas a professores e estudantes até tomada de posição "mais conveniente", aplicando-se este princípio à informação produzida no contexto das eleições de 1969, para os deputados da Assembleia Nacional.[16] Por outras palavras, na actividade censória privilegiava-se o sector mais ligado à educação, onde a influência das oposições ao Estado Novo era mais forte.

Estão ainda por estudar em profundidade as transformações que ocorreram na imprensa periódica durante o marcelismo, em que indiscutivelmente surgem novidades. Mas é de admitir que, no essencial, a situação não tenha mudado substancialmente: isto é, continuou a não haver liberdade de expressão. Para isso apontam os testemunhos de jornalistas que trabalharam na época. Há numerosos exemplos bem elucidativos da actuação do lápis azul. Um deles foi a proibição no jornal regional *Notícias da Amadora*, de 10 de Agosto de 1968 (uma semana depois da queda de Salazar que o incapacitaria de continuar em funções como Presidente do Conselho), de uma série de entrevistas de rua subordinadas à pergunta "Acha que os exames são necessários?".[17] O artigo foi integralmente

---

16. *A política de informação no regime fascista* (1981, 2.ª ed.). (1.º vol.). Lisboa: ??? (p. 215).

17. Repórter de rua. Acha que os exames são necessários? *Notícias da Amadora. Inéditos do Arquivo da Censura (1958-1974)*, n.º 1474, de 31 de Janeiro de 2002, pp. 8-9 (deveria ter sido publicado no n.º 366, de 10 de Agosto de 1968).

cortado, decerto atendendo à intenção expressa do jornalista anónimo de discutir o tema (que na época era muito abordado por professores e outros pedagogos) e às posições críticas expressas por alguns dos entrevistados. Outro exemplo do mesmo periódico, foi a proibição de uma entrevista ao escritor José Cardoso Pires, conduzida por Fernando Dacosta, em Junho de 1969. Entre várias outras questões, Cardoso Pires falava da estreiteza do público leitor e responsabilizava os meios de comunicação social, os liceus e as universidades pela distância entre os escritores e o público. Chegava mesmo a afirmar: "Uma das razões fundamentais do desinteresse das camadas jovens pela literatura é que nos liceus e nas faculdades ela é administrada sempre numa base negativa, paralisante".[18]

Muitos outros exemplos virão à luz do dia com a pesquisa que realizaremos, embora não seja este o objectivo prioritário do projecto colectivo *A Educação na Imprensa Periódica Portuguesa (1945-1974)*. Mas, importará ter sempre em conta as condições extremamente difíceis em que a informação e a reflexão incidindo em temas de educação se desenvolveram em Portugal no período em causa. E considerar, em termos comparativos, o modo como esses temas eram tratados por órgãos de imprensa e jornalistas de quadrantes ideológicos muito diversos.

---

18. A mulher em Portugal evoluiu mais do que o homem. *Idem*, n.º 1463, de 25 de Outubro de 2001, p. 10 (deveria ter sido publicada no n.º 410, de 28 de Junho de 1969).

2. Apresentação de um exemplo: o alargamento da escolaridade obrigatória dos rapazes para quatro anos (1956)

O nosso trabalho situa-se presentemente na pesquisa dos jornais até 1961. Por esta razão, não nos é possível tratar aqui alguns dos temas acima referidos e que foram alvo dos censores em finais dos anos 60 e inícios de 70. Contudo, vamos apresentar os aspectos principais do comportamento da imprensa de que nos ocupamos no que respeita à decisão tomada pelo Governo de Salazar: o prolongamento da escolaridade obrigatório dos rapazes para quatro anos, no último dia do ano de 1956, quando era ministro da Educação Nacional o Prof. Leite Pinto.[19]

O diploma era precedido de um extenso relatório de justificação do prolongamento,[20] todo ele (como era de esperar) elogioso da obra educativa do Estado Novo em detrimento do regime da I República, inserindo sete quadros com dados estatísticos comparativos, compreendendo os anos lectivos de 1900-1910, 1925-1926 e os últimos anos anteriores ao diploma e relativos a inscrições de alunos, exames, lugares de professores, taxas de analfabetismo, escolas existentes, e dados concernentes à acção social escolar, então chamada "assistência escolar". Houve a preocupação clara de ligar as decisões tomadas com as acções desenvolvidas no âmbito do *Plano de Educação Popular* entre 1951-1952 e 1955-1956.[21]

---

19. Decreto-Lei n.º 40 964, de 31 de Dezembro de 1956.

20. Ocupa sete páginas do *Diário do Governo* em que se publica o Decreto-Lei.

21. Estatuído pelo Decreto-Lei n.º 38 968 e Decreto n.º 38 969, de 27 de Dezembro de 1952.

Quanto ao prolongamento da escolaridade obrigatória para crianças do sexo masculino, afirma-se: "O problema do analfabetismo perdeu entre nós a sua acuidade: se as dificuldades inerentes a recuperação dos adultos iletrados não permitem educação completa de analfabetos em períodos curtos de tempo, a generalização da escolaridade na idade própria deixa prever a sua extinção para um futuro próximo". Mas, o prolongamento iria apenas abranger os rapazes, deixando no patamar dos três anos a obrigatoriedade escolar para o sexo feminino. É curioso verificar que os dados estatísticos então publicados não discriminam os sexos, apresentando globalmente os "alunos". Enuncia-se que não "se vai desde já para a obrigatoriedade generalizada", esperando-se "que tal possa dispor-se em futuro próximo".[22] Segundo o então subsecretário de Estado da Educação Nacional, Dr. Baltazar Rebello de Sousa, o Ministério verificara, a partir de um inquérito, que "as raparigas, na opinião geral das famílias, faziam muita falta em casa, sobretudo na lavoura no meio rural. Naquele tempo, eles já se queixavam que os rapazes faziam falta para o trabalho, mas as meninas então!".[23] É curioso verificar que este argumento estava contido no Decreto-Lei de finais de 1956 que previa a dispensa "excepcional" do cumprimento da obrigatoriedade

---

22. O prolongamento da escolaridade obrigatória para o sexo feminino será estabelecido pelo Decreto-Lei n.º 42 994, de 28 de Maio de 1960.

23. Teodoro, António (org.) (2002). *As políticas de educação em discurso directo: 1955-1995*. Lisboa: Instituto de Inovação Educacional (p. 46).

"aos menores dos meios rurais, que são precisamente aqueles em que a colaboração filial no trabalho familiar pode ser de maior importância".

Em finais do decénio de 1950, em Portugal começava a registar-se uma melhoria no crescimento económico, sustentado em grande parte pela evolução do processo de industrialização. Para Sérgio Grácio, o aumento do rendimento das famílias "alterou as suas concepções quanto à escolaridade da descendência, mais precisamente quanto à relação entre o aproveitamento escolar e a hipótese de prolongamento dos estudos"[24].

As razões económico-sociais da medida são igualmente iludidas: "Tão importante como as preocupações de disseminação da rede docente, formação do respectivo pessoal e aperfeiçoamento de metodologia didáctica são as que resultam da necessidade de assegurar uma efectiva obrigatoriedade do ensino". Ou, "a obrigatoriedade (...) não corresponde apenas a uma necessidade que ninguém discutirá, mas ainda se coaduna com uma tendência cada vez mais geral da população escolar primária". Quando se aconselha "o uso moderado e criterioso" da dispensa de crianças dos meios rurais, afirma-se: se é humano evitar prejuízos graves às famílias que têm tão pouco que nada podem perder, não deve deixar de se ter presente que são os mais pobres os mais carecidos de instrução, caminho eficaz para a valorização pessoal e consequente melhoramento das suas condições actuais".

---

24. Cf. Grácio, Sérgio (1997). *Dinâmicas da escolarização e das oportunidades individuais*. Lisboa: Educa1 (p. 22).

Como é recebida e/ou noticiada esta medida governamental pela imprensa periódica? Tomemos como exemplo, dois jornais diários e de expansão por todo o país: *O Século*, matutino, com tradições liberais, e *Diário de Lisboa*, vespertino, igualmente de tradições liberais e que privilegia os temas e notícias sobre Educação, concedendo lugar à intervenção de professores e investigadores, muitos deles conhecidos pela sua actividade de oposição ao regime.

Dias antes da publicação do Decreto-Lei (a 27 de Dezembro de 1956) o Ministro da Educação reúne-se com os quadros superiores do seu Ministério para anunciar aquele diploma. É essa reunião que constitui a notícia mais desenvolvida. Os diários *O Século* e o *Diário de Lisboa* dão-lhe tratamento idêntico. Ambos se ocupam da notícia na primeira página. O primeiro, sob o título "Vão ser reformadas as providências para a educação popular num diploma determinando que a partir de Janeiro de 1959 as entidades patronais, comerciais e industriais, não podem admitir menores de 21 anos que não hajam obtido aprovação no exame da 4ª classe...",[25] além da notícia da reunião, transcreve partes do discurso do Ministro, não ultrapassando o carácter informativo, utilizando subtítulos referentes aos diferentes aspectos tratados na reunião e inserindo fotografia da sessão. O segundo, sob o título "Fim da Campanha (de 4 anos) da Educação de Adultos. A obrigatoriedade do ensino primário é alargada à 4ª classe",[26] noticia largamente o conteúdo do diploma e, em

---

25. De 28 de Dezembro de 1956, pp. 1 e 10.
26. De 27 de Dezembro de 1956, pp. 1 e 3.

caixa, indica: "A partir de 1 de Janeiro de 1959", mas não insere qualquer fotografia.

No início de 1957, *O Século* publica um editorial, intitulado "O reforço das providências na Campanha de Educação Popular" em que retoma a ideia existente na introdução do diploma legal, "analfabetismo e pobreza andam a par", todavia ainda escreve: "Sem a instrução geral da população activa não se alcançará êxito e os planos de fomento, porque estes exigem cálculos técnicos, especialização, e sobretudo acção útil que só o pode ser com uma preparação cuidada, na base do gosto pelo estudo e pela conquista de melhores posições económicas e sociais".[27] Alguns dias depois, em outro editorial, "Analfabetismo e assistência",[28] procede a uma reflexão sobre a importância da acção social escolar, que fora então objecto de medidas. Em contrapartida, onze dias depois outro editorial de título mais vigoroso, "É inadmissível!",[29] comenta o atraso nos pagamentos aos professores primários e regentes dos postos de ensino que tinham estado envolvidos na Campanha de Educação Popular. Até finais do ano, dedica ainda espaço a mais cinco notícias relacionadas com o Decreto-Lei de finais de 1956 e cinco editoriais. Ou seja, em todo o ano de 1957, de 63 títulos relativos à Educação, 20% tratam do ensino primário e da escolaridade obrigatória.

Em contrapartida, no *Diário de Lisboa*, durante o mês de Janeiro de 1957, não encontrámos qualquer referência

---

27. De 7 de Janeiro de 1957, p. 1.
28. De 20 de Janeiro de 1957, p. 1.
29. De 28 de Janeiro de 1957, p. 1.

à medida governamental, nem notícia nem qualquer outro tipo de informação; apenas um artigo de opinião, com o título "Questões de ensino. Estudar é compreender e não decorar",[30] tratando de métodos actuais inovadores e condenando o recurso à memorização. Durante o ano somente são publicadas quatro notícias sobre o ensino primário, duas delas informando da inauguração de cantinas escolares e as outras duas tratando problemas locais,[31] isto é, menos de 1% de toda a informação sobre Educação no ano de 1957.

No que respeita à inserção de notícias sobre novas cantinas escolares, poderá ser interpretada como forma do *Diário de Lisboa* valorizar a iniciativa das populações e dos órgãos de poder local. Baltazar Rebello de Sousa informa que da parte governamental foi feito um grande esforço para a construção de cantinas. Diz ele: "Como não havia dinheiro para tudo, tentou fazer-se esse esforço com as Câmaras e com as terras: eles comprometiam-se a dar a comida e eu comprometia-me a fazer a escola e a cantina. (...) Na aldeia, uns pais levavam couves, outros levavam batatas, outros não sei que mais...".[32]

Para a interpretação das raras informações ou de artigos de opinião sobre a escola básica, será necessário en-

---

30. Da autoria de Ribeiro da Fonseca, publicado a 18 de Janeiro de 1957, p. 3.

31. "Os problemas de ensino no concelho de Lisboa foram tratados na reunião do subsecretário com os presidentes das câmaras", em 27 de Julho de 1957, p. 8; "A população escolar do concelho de Almada ultrapassa 5 500 crianças", em 8 de Novembro de 1957, p. 11.

32. Teodoro, António, op. cit., p. 47.

contrar respostas para duas questões que se nos põem de momento: Será que este jornal não apoiava a política educativa conduzida pelo então Ministro da Educação Nacional? Será que os jornalistas e colaboradores, atendendo à sua formação académica e às suas profissões não estavam atentos ao ensino primário e às medidas que se iam publicando?

3
AS FONTES DIGITAIS E A HISTÓRIA DA EDUCAÇÃO:
novos horizontes em construção

*Edna G. de G. Brennand**
*Ed Porto Bezerra***

O surgimento da Sociedade da Informação, como um fenômeno recente, está reestruturando a forma de resgate e armazenamento de informações em todos os domínios do conhecimento. A evolução tecnológica e o surgimento das infovias eletrônicas abrem novos caminhos para o acesso à informação e renova em cada país a necessidade de políticas de informação mais flexíveis. A nova economia informacional e a evolução das tecnologias da informação e comunicação estão a exigir uma nova forma de

---

* Professora do Programa de Pós-Graduação em Educação da Universidade Federal da Paraíba (UFPB).

** Professor do Departamento de Informática da Universidade Federal da Paraíba (UFPB).

geração de conteúdos e esquemas de digitalização para preservação artística, cultural, histórica e de informações em ciência e tecnologia.

No mundo contemporâneo, as relações dos indivíduos com o trabalho, com a educação e com o próprio desenvolvimento cognitivo e da inteligência são mediadas por dispositivos informacionais diversificados. A escrita, a leitura, a criação, a aprendizagem são colocadas à disposição dos indivíduos através de uma tecnologia de informação cada vez mais avançada. As bases do funcionamento social e das atividades cognitivas modificam-se a uma velocidade percebida, cotidianamente, e essa explosão informacional está a exigir novas maneiras de pensar, agir e conviver com as tecnologias da informação e da comunicação. Gigantescos acervos informacionais circulam de forma acelerada em escala planetária exigindo que pessoas e organizações estejam aptas a lidar com o novo, a criar e garantir sua inserção social. A informação, neste início de século, assume cada vez mais um valor relevante para a sociedade. Em função da variedade de conteúdos e funções sociais, sua ação atinge todos os campos da vida humana. Do ponto de vista de Cornu (1998), é um bem que deverá ser acessível a todo cidadão, dado que é através da veiculação de informações que a vida econômica, social, cultural e política se consolida.

A educação é um campo onde as estruturas tradicionais estão se desagregando. A compreensão do tempo e espaços de aprendizagem está sendo repensada com a possibilidade dos produtos multimídia. A explosão de conhecimento e as novas ferramentas que permitem acessar a informação, criá-la, visualizá-la e avaliá-la, estão transformando a própria natureza do processo ensino-aprendizagem (Lynch, 1999). As fontes digitais representam, assim, importante suporte pedagógico para a construção de conhecimentos mais complexos e dinâmicos.

A revolução tecnológica que estamos presenciando expressa e organiza as forças sociais dominantes, criando entrelaçamentos em todos os níveis: na economia, na política, na cultura, nas identidades e nas subjetividades dos sujeitos. A força das redes, da imagem, dos novos signos incide sobre nossas formas de pensar e sentir, influenciando e estruturando as relações sociais nos espaços da *produção* (bens e serviços), na *experiência* (ação dos sujeitos sobre si mesmos) e *poder* (relação entre os sujeitos humanos com base na produção e experiência) (Castels, 1999).

Por outro lado, não se pode deixar de reconhecer o debate acerca da metamorfose técnica vivenciada pelos coletivos humanos. As bases do funcionamento social e das atividades cognitivas modificam-se numa grande velocidade, atingindo os modos fundamentais de gestão social do conhecimento, que não mais se dão pela simples substituição, mas por uma complexificação cada vez maior, apontando para a articulação crescente entre gêneros de conhecimento e tecnologias intelectuais (Lévy, 1993). A cultura de massa, em particular, expressa pela cultura visual, tem sido criticada por estar, tradicionalmente, a serviço da racionalidade tecnocrática, que não considera questões éticas e estéticas e desempenha um papel significativo na redução do pensamento crítico.

A forma de difusão da tecnologia está reconfigurando as experiências de uso e conseqüentemente as novas formas de aplicações; o que tem ocasionado mudanças substantivas nas formas de aprendizagem dos sujeitos, alterando sobremaneira a autonomia da mente humana e os sistemas culturais. Embora alguns estudos empíricos defendam a tese de que a mídia é uma variável independente na indução de comportamentos, já que indivíduos contextualizados em espaços sociais diferenciados processam de forma diferenciada os conteúdos das mensagens veiculadas, não podemos escamotear o fato de que, atualmente, grande parte de nossos estímulos simbólicos são mediados pelos meios de comunicação. É evidente que este mundo da multimídia é habitado por dois tipos de usuários: produtores e receptores de mensagens, de classe, raça, sexo e cultura diferenciados, que interagem dialeticamente, criando um espaço multifacetado de contextos semânticos de vários sentidos.

Assim sendo, é possível afirmar o caráter não totalitário dos vários sentidos das mensagens veiculadas. Embora seja necessário reconhecer uma certa integração de um padrão cognitivo comum, é possível reconhecer, também, que a mídia pode potencializar a capacidade, a comunicabilidade e as formas de compreensão das expressões culturais.

Esse processo, do ponto de vista de Castels (1999), introduz uma nova forma urbana, caracterizada por uma diversidade extraordinária de contextos físicos e culturais, e baseada em uma arquitetura informacional com base no conhecimento. Aparentemente simples, essa cidade informacional possui uma intrincada rede de significados que esconde a complexidade de interesses e valores opostos. Conflitos e estratégias se mesclam para compor uma dinâmica social herdada das tendências contraditórias e que redefinem o conceito de tempo e espaço.

O ciberespaço, do ponto de vista de Lévy (2001), encarna dispositivos de comunicação qualitativamente originais, criando comunidades de comunicação diferentes dos receptores passivos trazidos com o rádio e a TV, permitindo ao mesmo tempo a reciprocidade da comunicação e a partilha de contextos. O correio eletrônico, os fóruns de discussão na Internet, os bancos de dados, os grupos de discussão, sobretudo os hipertextos e hiperdocumentos, formam uma paisagem movediça de competências e paixões que desenvolvem sobremaneira o desenvolvimento da inteligência coletiva. Mesmo reconhecendo que cerca de dois terços da humanidade não possui ainda linha telefônica, não podemos dissimular a amplitude de inevitáveis reviravoltas que nos esperam nesse domínio.

O estado da arte da disponibilização de conteúdos digitais através de bibliotecas

As fontes de informações digitais ainda são incipientes em todo o mundo; embora se constituam o caminho mais fértil para a resolução dos problemas de acesso, armazenamento e disponibilização de fontes de informação. Pesquisa realizada por Diniz (2001) mostra que nos Estados Unidos, segundo a Associação Americana de Bibliotecas (*www.ala.org*), 72,3% das bibliotecas públicas estão de alguma forma na rede. Além disso, iniciativas como a do Canadá (*www.nlc-bnc.ca/cidl*), da Inglaterra (*www.ukoln.ac.uk*), da Europa (*wwwercim.inria.fr*), da Nova Zelândia (*www.nzdl.org*), entre outras, colaboram ainda mais para a criação da biblioteca do futuro: uma organização sem paredes e, portanto, com um número ilimitado de informações.

No Brasil, a inserção das bibliotecas na Internet caminha ainda a passos lentos. Segundo um estudo realizado no início do ano pelo Grupo de Trabalho de Bibliotecas Virtuais — GTBV — (*www.cg.org.br/gt/gtbv/gtbv.htm*), do IBICT, já existem 175 *sites* de bibliotecas brasileiras, sendo que somente 23 oferecem o acesso a textos de seu acervo. A maioria disponibiliza apenas dados institucionais, como forma de marcar a primeira presença na rede. A presença de dois exemplos precisa ser acentuada: uma é a Biblioteca do Estudante Brasileiro (*www.bibvirt.futuro.usp.br*), um projeto da Escola do Futuro, da USP, e o projeto de bibliotecas virtuais Prossiga/REI (*www.prossiga.lncc.br*), do CNPq, que segue a mesma filosofia. Criado para atender a comunidade científica, o *site* é constituído por diversas bibliotecas temáticas construídas de acordo com a pesquisa no país, além daquelas baseadas em grandes pesquisadores.

Um dos maiores acervos brasileiros, a Biblioteca Nacional, já começou a dar o primeiro passo rumo ao mundo digital. A Divisão de Música e Arquivos Sonoros — DIMAS — (*www.info.lncc.br/dimas*), com a necessidade de digitalizar as partituras manuscritas que estavam sendo apagadas, está conseguindo efetuar o processo de catalogação e digitalização do arquivo sonoro.

Entretanto, o fato de poder utilizar uma nova mídia não significa apenas adequar os serviços de uma biblioteca convencional para uma virtual, mas sim capacitar profissionais, desenvolver sistemas de banco de dados e digitalizar documentos. Esse processo representa custos elevados para as bibliotecas. A falta de recursos talvez seja o que mais dificulte uma adesão em maior número das bibliotecas brasileiras na lnternet.

As fontes digitais no resgate da História da Educação: a experiência da Biblioteca Digital Paulo Freire

Segundo Levacov (1999), a idéia de acervos digitais e bibliotecas virtuais tem feito aflorar diferentes conceitos e sentimentos. Para muitos, esse processo significa somente a troca de informações através de infovias eletrônicas. Para outros, a possibilidade de concretização do projeto Xanadu: criação de uma rede mundial de todos os documentos da humanidade, em que os *links* redefinem as fronteiras entre um documento e outro. O conceito de lugar torna-se secundário e o que se torna, agora, importante é a forma de acesso e a confiabilidade da informação.

O Brasil começa a delinear sua entrada definitiva neste universo da Sociedade da Informação, mas ainda se defronta com problemas relacionados ao acesso, produção e uso das tecnologias da informação e comunicação, uma vez que a implementação de políticas de ampliação de pesquisa, de distribuição de equipamentos e de formação de recursos humanos tem sido viabilizada de forma precária, constituindo entraves à interação dos indivíduos com as novas linguagens e processos técnicos do mundo digital.

Tentando compreender e contribuir para a minimização dessa problemática, a Universidade Federal da Paraíba — UFPB em parceria com o Centro Paulo Freire — Estudos e Pesquisas — vem discutindo alternativas voltadas para o desenvolvimento de ações conjuntas que visem aumentar significativamente a formação de pesquisadores e especialistas nas novas tecnologias em todos os níveis. Essa construção coletiva implica ações pontuais que, fundamentadas nas idéias de Paulo Freire, procuraram pressupostos epistemológicos, filosóficos e metodológicos para serem utilizados na formação e fortalecimento do trabalho cooperativo desenvolvido. Segundo Freire (1982), é na pluralidade de relações que os indivíduos estabelecem diálogos uns com os outros. Nesse contexto, vão reconstruindo e redirecionando a capacidade de organizar as melhores respostas para corresponder às variedades dos desafios. Ao testar e agir, isto é, pela práxis, os indivíduos constroem sua consciência crítica (inteligência coletiva) e buscam mecanismos mais claros para fortalecer suas conquistas sociais.

Considerando que a construção dessa inteligência coletiva é necessária para responder aos desafios dos problemas contemporâneos, encontra-se em andamento, no Centro Paulo Freire — Estudos e Pesquisas, o Programa Ação Cultural, voltado à experimentação de recursos multimídia no ensino a distância. Esse projeto está sendo desenvolvido em parceria entre a UFPE, UFPB e a TV Universitária. O Programa integra dois subprojetos:

a) *Vivendo e Aprendendo com Paulo Freire*, que busca atender às necessidades de formação dos educadores das redes municipal e estadual dos Estados de Pernambuco e Paraíba, através de programa interativo televisivo diário;

b) *Pedagogia da Pergunta*, um programa interativo televisivo de alfabetização utilizando o método Paulo Freire.

O Programa Ação Cultural possui como meta a produção de 200 programas interativos em diferentes linguagens e a instalação de telessalas em municípios do Estado de Pernambuco, atendendo aproximadamente cerca de 12.000 jovens e adultos. Além das aulas, círculos de conferências e espaços para debates via TV, contempla a distribuição de material impresso em encartes dos jornais locais de maior circulação. Aliando o espaço da televisão à concepção de educação a distância semipresencial, essa é uma tentativa de integrar as novas tecnologias para a reconstrução de espaços educativos. Foi dentro deste contexto e dos desafios colocados pelo Programa Ação Cultural, que a implementação da Biblioteca Digital Paulo Freire foi viabilizada.

As fontes digitais como ferramenta de preservação da história

Os objetivos que nortearam a implementação desse projeto (Bezerra e Brennand, 2002) foram os de ampliar a base de pesquisa para o desenvolvimento de competências na coleta, armazenagem, processamento e disponibilização de conteúdos sobre a vida e obra de Paulo Freire, com diferentes formatos (texto, áudio e vídeo), acessíveis via Internet. Foram desenvolvidas metodologias de organização e digitalização de conteúdos e disponibilização desse acervo de cunho cultural, educacional e histórico através da integração de textos, material iconográfico, vídeo e áudio, além de avaliar tecnologias estratégicas para a geração de conteúdos digitais com fins educativos.

Num primeiro momento, foram viabilizados os recursos de infra-estrutura em *hardware* e *software,* para dar suporte aos sistemas de informações com conteúdos digitais no que se refere à segurança, controle, organização, disponibilização e acesso. Este projeto está aglutinando uma equipe multidisciplinar de educadores, cientistas da informação e da computação, com o fim de desenvolver pesquisas para resgatar e preservar o acervo sobre a vida e obra de Paulo Freire, capacitando estudantes, docentes, pesquisadores e usuários de forma geral para a criação e utilização de conteúdos digitais como fonte de pesquisa.

Considerando as dificuldades de acesso às informações relevantes, pelas populações que estão mais distantes dos grandes centros urbanos, a biblioteca digital deverá servir como um banco de dados via Internet, disponibilizando materiais pedagógicos para o Programa Ação Cultural. A implementação da biblioteca está gerando um efeito multiplicador que vem sendo aplicado em outras bibliotecas de interesse das instituições envolvidas. Já está em desenvolvimento, com o apoio do CNPq, o projeto de implantação de um Pólo de Capacitação em Conteúdos Digitais Multimídia, com o intuito de apoiar a Biblioteca Digital Paulo Freire, bem como digitalizar o conteúdo de mais dois acervos: o do Núcleo de Pesquisa sobre a História Regional e o acervo da ONG Parai'wa sobre o resgate da memória cultural paraibana.

A decisão de colocar o acervo documental sobre Paulo Freire no formato digital assume importância fundamental não só pela contribuição que esse educador proporcionou ao cenário pedagógico, em nível nacional e internacional, mas também pela possibilidade de aglutinação de diversos suportes informacionais em um mesmo espaço.

Foi tomado como pressuposto a idéia de que novos subprodutos de informação sobre a vida e a obra de Paulo Freire (CD-Rom, catálogos, *folders* eletrônicos, eventos), derivados da Biblioteca e através das tecnologias da informação e comunicação, venham trazer a possibilidade de contribuir na reorganização dos modos de registro e produção do conhecimento, modificando de forma permanente a maneira de lidar com a informação na sociedade. Além disto, a perspectiva de consolidação da Biblioteca Digital, Paulo Freire tem como eixo norteador o alargamento e a implementação de oportunidades de aprendizagem aberta e de participação dos cidadãos infopobres no mundo da revolução digital que afeta cada vez mais a vida cotidiana brasileira em seus aspectos globais, regionais e locais (Aquino, 2001). Esta ação pretende ser um referencial de pesquisa que pode ser acessado em qualquer hora e em qualquer lugar, se constituindo um espaço democrático, propiciando o acesso sem restrições a materiais informativos, dando suporte à educação e à aprendizagem em todos os níveis.

Uma das razões que justifica a construção e disponibilização de bibliotecas digitais na Internet é o fato de que elas proporcionarão uma melhor socialização da informação que os meios convencionais até então vigentes, em formato multimídia, dinâmico e atrativo. A necessidade de obter informação geralmente é melhor atendida quando é possível integrar aos meios de busca a navegação na Internet.

Este processo confere uma maior velocidade e a possibilidade de acesso a fontes diferenciadas, ampliando as formas de busca feitas através de uma biblioteca tradicional. De um computador pessoal, um usuário é capaz de consultar informações que estão armazenadas em computadores em todas as fontes do mundo, que estejam conectadas na rede. Do ponto de vista da democratização do conhecimento, a Internet é hoje uma importante ferramenta para localização e acesso à informação em diversas áreas. Se democraticamente disponibilizada e usada, ela pode contribuir para uma melhor distribuição social da informação. Sua aplicação no campo educacional tem trazido mudanças nos atuais paradigmas. Poderemos citar alguns atributos da biblioteca digital para defender a ampliação do seu uso:

- *Onipresença*: uma biblioteca digital é acessível a partir de qualquer computador conectado à Internet;
- *Facilidade de pesquisa*: apesar de conveniente para ser lida, a informação armazenada em papel é mais

difícil de ser localizada. Em muitos aspectos, os sistemas de informação baseados em computador são mais apropriados do que os métodos manuais para pesquisar informação por maior velocidade de busca e maior variedade de fontes;

- *Compartilhamento de informação*: bibliotecas e arquivos, na maioria das vezes, contêm muita informação repetida. Todavia, ao ser colocada em formato digital, a informação, uma vez disponível em rede, permite o aumento compartilhado em tempo real, facilitando o acesso. Muitas bibliotecas digitais ou publicações eletrônicas são mantidas num único *site* central, diminuindo mais o custo de acesso que em mídia tradicional;

- *Facilidade de manutenção da informação*: dada a velocidade de produção, informações relevantes precisam ser continuamente atualizadas. Através de material impresso é mais difícil essa atualização. O formato digital, por realizar o armazenamento num computador central, facilita a disponibilização das atualizações em tempo menor e em maior velocidade;

- *Disponibilidade da informação*: os muros das bibliotecas digitais são móveis e as portas sempre estão abertas em condições normais de navegação, ao contrário das bibliotecas tradicionais. Isso não quer dizer que aquelas são sistemas perfeitos. Os sistemas computacionais podem falhar e as redes de computadores podem temporariamente estar lentas ou inacessíveis;

- *Diminuição efetiva de custo*: bibliotecas tradicionais são caras porque necessitam de prédios, funcionários qualificados, e a aquisição de acervo apresenta maiores dificuldades no processo de aquisição e distribuição. A maior parte do investimento em publicações convencionais está na produção e na distribuição de livros, fotografias, vídeos etc. As bibliotecas digitais ainda são caras, mas sua tecnologia básica está diminuindo os custos com o avanço das pesquisas em produção em *hardwares* e *softwares*. Os custos de distribuição e armazenagem da informação digital têm caído, enquanto o custo de sua criação é fixo e o de seu uso é quase nulo.

Considerações finais

É inegável a constatação de que as mídias digitais estão substituindo as analógicas em variedade grande de aplicações. Neste universo, os conteúdos informacionais se tornam cada vez menos ligados a objetos físicos, e a importância dos computadores para a catalogação de fontes de informação e a possibilidade de ampliação do uso dessas fontes tendem a crescer. As tecnologias emergentes desafiam a educação a tomar posse das suas novas formas, a partir das quais, o conhecimento pode ser gerado, recuperado, acessado, administrado, disponibilizado e utilizado. Este processo está a exigir uma formação em que o indivíduo seja capaz de ler, interpretar sua realidade, expressar-se adequadamente, lidar com conceitos abstratos, trabalhar em grupos de resolução de problemas, tomar decisões individuais e coletivas e, principalmente, aprender a aprender.

No século XX, os professores, pesquisadores e bibliotecários lidaram com uma grande quantidade de informação no formato impresso, dificultando, muitas vezes, o acompanhamento da atualidade e a velocidade das informações sobre uma determinada área do conhecimento. O surgimento do ciberespaço colocou a necessidade de incorporação à informação impressa recursos mais dinâmicos, como música, animação, gráficos, fotografia e vídeo, os quais podem ser agora carregados em um computador comum onde possam ser retocados, mudados, combinados, manipulados, melhorados e reconstruídos. (Cheng, 1999: 26)

No campo da educação, as mudanças ainda são lentas mas algumas iniciativas relevantes estão sendo implementadas. O mundo do papel impresso torna-se cada vez mais cinzento e menos atrativo a uma juventude nascida em meio ao espetáculo de cores e imagens, e os desafios ao processo aprender-ensinar não podem negligenciar esta realidade.

O início desta pesquisa nos mostrou que uma grande parte do legado freiriano ainda se encontra disponibilizado na forma impressa, quando se têm notícias de que um conjunto de ricos conteúdos acerca da obra de Paulo Freire não é conhecido do público diversificado, estando esse acervo em muitos países do mundo inteiro. Assim, a possibilidade do uso das fontes digitais para a socialização do acesso a fontes significativas da história da educação está a abrir novos horizontes para o uso deste fascinante mundo digital no domínio do educativo.

Bibliografia

AQUINO, M. A. *Recuperação do conteúdo freiriano para construção da Biblioteca Digital Paulo Freire*. João Pessoa, 2001.

BEZERRA, E. P. & BRENNAND, E. G. de G. The Paulo Freire's Digital Library Project. Proc. of the 1st International Workshop on New Developments in Digital Libraries, NDDL 2001, Portugal, July, 2001a.

_____. A Biblioteca Digital Paulo Freire. Anais do XXI Congresso da Sociedade Brasileira de Computação, Fortaleza, ago. 2001b.

_____. Implementação do Pólo de Produção e de Capacitação em Conteúdos Digitais Multimídia no Estado da Paraíba, Simposio Latinoamericano y del Caribe: La Educación, la Ciência y la Cultura en la Sociedad de la Información, SimpLAC´2002, 18 a 21 de fevereiro, Havana, Cuba, 2002.

CASTELS, M. *A sociedade em rede*. Rio de Janeiro: Paz e Terra,1999a, v. 1.

_____. *O poder da identidade*. Rio de Janeiro: Paz e Terra, 1999b, v. 2.

CHENG, Ching-Chih. As tecnologias multimídia. In: *A informação: tendências para o novo milênio*, 1999.

CORNU, D. *L'éthique de l'information*. Paris: Presses Universitaires de France, 1998.

CUNHA, Murilo B. da. Desafios na construção de uma biblioteca digital. *Ciência da Informação*. Brasília, v. 28, n. 3, p. 257-268, set./dez. 1999.

Cybernetics and Informatics — SCI, Orlando, Flórida, 22-26 de july, vol. XVII, p. 403-408.

DINIZ, P. *Revista Internet.br.* Acesso em 29/12/2001.

FREIRE, Paulo. *Ação cultural para a liberdade*. Rio de Janeiro: Paz e Terra, 1976.

_____. *Cartas a Guiné-Bissau*. Rio de Janeiro: Paz e Terra, 1977.

_____. *Consciência e história*. São Paulo: Loyola, 1979.

_____. *Ação cultural para a liberdade e outros escritos*. Rio de Janeiro: Paz e Terra, 1976.

_____.*Educação como prática da liberdade*. Rio de Janeiro: Paz e Terra, 1982.

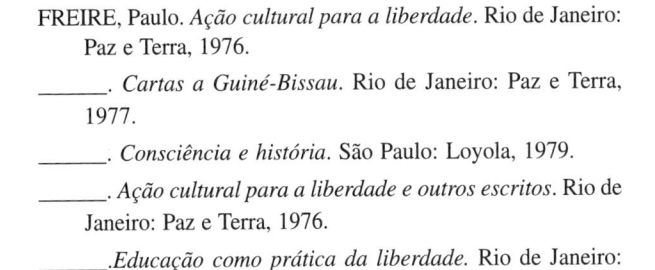

LEVACOV, M. Bibliotecas Virtuais. In: *Para Navegar no Século XXI: tecnologias do imaginário e cibercultura*. Porto Alegre: Sulina/Edipucrs, 1999.

LÉVY, P. *Cyberculture*. Paris: Éditions Odile Jacob, 1977.

_____. *Les chemins du virtuel*. http://hypermedia.univ-paris8.fr/pierre/virtuel/virt0.htm

_____. *Les arbres des connaissances*. Paris: La Découverte, 1992.

LYNCH, M.D. As infovias. In: *A informação: tendências para o novo milênio*, 1999.

MARCONDES, Carlos Henrique et al. *O impacto da Internet nas bibliotecas* brasileiras. E-mail: marcondes@ax.apc.org

MEDEIROS, Á. F. C.; BEZERRA, E. P.; BRENNAND, E. G. de G.; LIMA, J.; MEDEIROS, I. M. S. & CAVALCANTI, A. C. *The Freire's digital library: promoting education in the cyberspace*, ISAS'2001, 5[tht] Multiconference on Systemics, 2001.

4
HISTÓRIAS DE VIDA: auto-representações e construção das identidades docentes

Ana Sofia António*

> A memória é o género que se atreve a dizer o seu próprio nome. A bibliografia diz-nos: "És o que foste". O romance diz-nos: "És o que fizeste". Mas a bibliografia, confissão ou romance requerem memória, pois a memória, diz Shakespeare, é a guardiã da mente. Uma guardiã, diria eu, que se radica no presente para olhar com uma face o passado e com a outra o futuro. A busca do tempo perdido também é, fatalmente, a busca do tempo desejado. Hoje, no presente deste ano terceiro do segundo milénio depois de Jesus, Gabriel García Márquez rememora. Aos que um dia dirão: "Foste isto", "Fizeste isto", ou "Imaginaste isto", Gabo adianta-se e diz simplesmente: Sou, serei, imaginei. Recordo isto.
>
> Carlos Fuentes (2003)

É comum caracterizar-se a época que atravessamos como uma época de transformações em que se vislumbra

---

* Pesquisadora da Unidade de Investigação e Desenvolvimento Observatório de Políticas de Educação e de Contextos Educativos, da Universidade Lusófona de Humanidades e Tecnologias, Lisboa.

uma nova arquitectura da sociedade. Portanto, os sentimentos de incerteza e de intranquilidade são cada vez mais constantes. Paulo Freire (1997) parece reportar-se a esta ideia quando refere que "pensar certo é não estarmos demasiado certos de nossas certezas" (1997: 30).

Actualmente, a vida de qualquer indivíduo pode comparar-se a uma viagem através de um meio de transporte rápido, ou seja, ao olharem pela janela os passageiros apenas conseguem observar pequenos episódios do meio, tal é a rapidez da mudança de paisagem.

As mudanças repentinas e profundas que se têm estado a verificar dizem respeito ao modo como os indivíduos trabalham, bem como à forma como se relacionam com os outros e à forma como adquirem o conhecimento. Não podemos ignorar a existência de um sistema de comunicação generalizado, os *mass media*, que corta definitivamente a estabilidade e a segurança outrora dadas pelo sentido do acontecimento.

Apesar da facilidade em se identificar aspectos negativos na mudança, ninguém consegue travar o seu ritmo. Neste sentido, a contemplação do passado apenas consegue impedir o sujeito de investir num novo futuro.

Em tempos assim tão conturbados, surgem cada vez mais estudiosos a usar as histórias de vida como técnica e investigação, e consequentemente a metodologia qualitativa. As histórias de vida permitem reconhecer o sujeito não só enquanto profissional ou agente de uma determinada acção mas, também, enquanto pessoa. Neste sentido, a recolha de informação humaniza a própria investigação.

Ora, no âmbito de uma investigação, interessa, muitas vezes, conhecer os "mundos vividos" pelos sujeitos, assim como, perceber a articulação entre as *acções* por eles exercidas e as suas *vidas*. Por exemplo, uma revisão de literatura permite perceber como a teia da problemática se move e encontrar algumas explicações. Mas são as histórias de vida que inibem a estruturação de questões sociológicas a partir de fragmentos e de situações despersonalizadas. Sendo assim, quando se tem como objectivo de estudo explorar ideias e perceber sentimentos, o uso de histórias de vida está, por si só, justificado. Também Lalanda (1998) comenta que

> é cada vez mais frequente a utilização por parte da sociologia de técnicas qualitativas baseadas na relação aprofundada com um pequeno número de actores sociais. A história de vida, a biografia, a entrevista em profundidade, são disso exemplo e poderão representar para a investigação sociológica instrumentos privilegiados de análise da realidade (p. 872).

Esta técnica de investigação possibilita ao investigador verificar a importância atribuída pelos narradores aos acontecimentos, abrindo, não raras vezes, a porta a novos significados; uma vez que, contribui para o entendimento das representações e da interpretação dadas aos diferentes acontecimentos da vida quotidiana do sujeito. As histórias de vidas têm, igualmente, interesse pelo acolhimento das cargas emocionais e dos sistemas de valor que facilitam fazer. A figura 1 tem a pretensão de esquematizar o contributo das histórias de vida para a investigação.

Não obstante deve manter-se presente a ideia de que a informação obtida constitui sempre uma versão. Poirier et al. (1999) referem a propósito da história de vida que "um tal texto único não prova nada, não verifica nada" (p. 90). Pelo que, o critério de um grande número de indivíduos entrevistados para legitimar a pesquisa tende a ser pouco coerente. Antikainen et al. (1996) alegam: "a história de vida está ligada ao indivíduo e ao que lhe aconteceu, ao que ele experimentou e ao que ele interpretou, mas ainda ao que está disponível para contar a outras pessoas através da narração" (p. 18).

Uma história de vida pode assim traduzir-se numa narrativa onde vários factores se vão dando a conhecer, tais como as relações familiares, o desenvolvimento pessoal, o meio social e cultural no qual o indivíduo se insere, a carreira profissional e o próprio quotidiano pessoal e profissional se vão dando a conhecer.

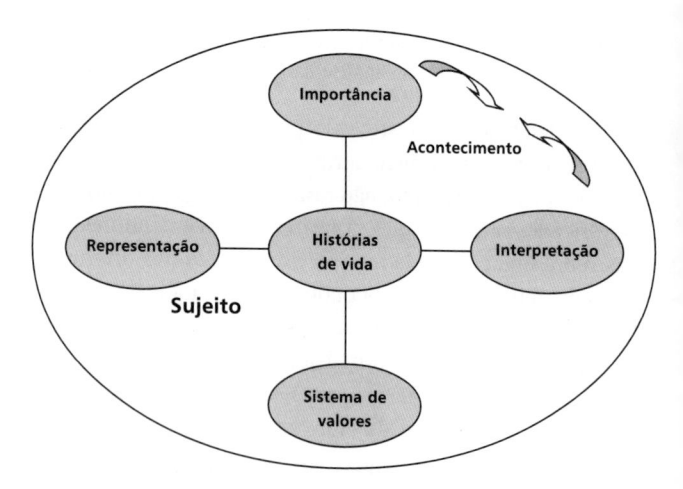

Figura 1. Valor das histórias de vida para a investigação.
© Ana Sofia António

Januário (1996) salienta que as histórias de vida "são aplicadas preferencialmente para determinar como os participantes se colocam e agem face a determinadas orientações educativas, acontecimentos ou inovações particulares, estudando em profundidade os motivos, pensamentos e crenças pessoais, constituindo uma autêntica biografia da vida profissional" (p. 63).

Embora muitos dos relatos possam parecer absurdos ou complexos, por corresponderem à vida dos próprios narradores, é obrigação moral e ética do investigador respeitá-los e tentar compreendê-los; mesmo admitindo que algumas das verdades contadas sejam apenas construções mentais dos narradores. Maria Helena Bastos e Anamaria Colla (1994) comentam: "a imagem perpassada pelo discurso não espelha a realidade mas assume a função de espelho na qual o professor deveria buscar a sua imagem. Dessa forma, o discurso não representa o real, mas cria uma ideia do real" (p. 5).

Neste sentido, esta técnica de investigação leva à construção de dois tipos de conhecimento, informações sobre os acontecimentos e reflexões subjectivas acerca desses mesmos acontecimentos, isto porque permite uma interrogação quase permanente.

As narrativas recolhidas normalmente não correspondem a uma sequência temporal de acontecimentos; os textos são formados por fracções de pequenas histórias, os quais podem situar-se em outros contextos mais alargados. Parafraseando Piedade Lalanda (1998):

> não estamos perante retratos acabados de uma "identidade" particular, mas perante parcelas de um contexto onde se evi-

denciam as vivências individuais. [...] a estrutura identitária de uma "narrativa" não representa uma sucessão de etapas que se excluam mutuamente, porque o narrador, ao *contar-se*, constrói a sua identidade, reconstruindo o seu passado, revelando lugares de conflito, rupturas e aquisições/aprendizagens que fez com outros e consigo mesmo (p. 877).

É natural que o uso de uma metodologia que permite abordar questões na área do real concreto suscite algumas questões. Pretende-se, antes de mais, que este texto permita percebê-las, para que coerentemente se tomem decisões e se escolham caminhos.

Para recolher histórias de vida é comum realizarem-se entrevistas, pois permitem que o investigador tenha acesso a informações com relativa profundidade. Claro está que a intensidade e o interesse da informação obtida através de uma entrevista estão directamente condicionados pela liberdade que o entrevistador der ao entrevistado. Contudo, o entrevistador nunca pode contar com a total espontaneidade do narrador, já que, este último, raramente se sente à vontade para mencionar exactamente o que pretende.

As entrevistas podem ter uma natureza formal ou informal, dependendo do tipo de informações que se pretendam recolher. Por norma, quanto mais estruturada for uma entrevista, mais fácil será a análise e a posterior quantificação dos resultados. Porém, cada narrativa é um caso particular, podendo questionar-se a legitimidade da informação recolhida ser dirigida pelo próprio investigador. Sobre esta situação, Freire (1997) faz notar que "ninguém pode estar no mundo, com o mundo e com os outros de forma neutra. Não posso estar no mundo de luvas nas mãos *constatando* apenas" (p. 87). O mesmo autor acrescenta:

> Há perguntas a serem feitas insistentemente por todos nós e que nos fazem ver a impossibilidade de estudar por estudar. De estudar descomprometidamente como se misteriosamente, de repente, nada tivéssemos que ver com o mundo, um lá fora e distante mundo, alheado de nós e nós dele (Freire, 1997: 86).

Fazendo crença nas palavras de Freire, o distanciamento propositado do investigador, que teme envolver-se na recolha e na análise de informação, parece ser pouco verdadeiro; além disso como pode o investigador pretender reflectir sobre um texto frio e sem afectividade? Também Vasconcelos (1997) refere que "não existe uma realidade exterior a ser investigada por um investigador supostamente objectivo. As realidades são múltiplas e socialmente construídas" (p. 41).

As histórias de vida possibilitam que os narradores, outrora figuras desconhecidas, assumam o papel de protagonistas. Se o universo de estudo é o próprio sujeito, então, como opina Mann (1983), "pareceria sensato ao estudar o homem usar gente realmente viva" (p. 89).

Todavia cada indivíduo tem uma complexidade única, logo diferentes aspectos de ordem pessoal, como a idade, a experiência pessoal de vida e a relação familiar, interagem com aspectos de ordem social, como é o caso da profissão. Ribeiro (1992) encara como características pessoais susceptíveis de interferir na esfera profissional:

> a segurança ou a sua falta no actuar, no agir, no falar; o modo como coloca a voz; a gestualidade; o temperamento introvertido ou não; a relação com os outros; a visão pessoal do mundo e das coisas que transmite, ainda que inconscientemente, e que o aluno intui por pormenores que escapam a si próprio; a maneira de vestir [...]; a ideia que faz de si próprio; o nível do discurso (p. 17).

Numa sociedade estereotipada é atribuída à mulher uma componente sentimental, da qual fazem parte valores menosprezados na ideologia masculina, onde a eficácia, o pensamento racional e a competição são valorizados.

Ada Abraham (1984), recorrendo às investigações que realizou acerca da interioridade dos professores, defende que as mulheres assumem uma atitude de submissão às directivas e ao poder masculino. Por outro lado, enquanto que as professoras fazem geralmente referência à maternidade e ao trabalho doméstico como actividades paralelas à docência, os professores fazem referência a outras actividades pagas ou em regime voluntário (Kelchtermans, 1999).

Helena Araújo (1995), num interessante trabalho sobre as professoras primárias no início do século XX, vai de encontro às perspectivas dos autores anteriores. Segundo esta investigadora, as professoras que estudou "sentiram que, para além de serem boas mães, tinham de ser as melhores professoras também" (p. 30). Araújo (1995) identifica como uma das características mais interessantes presentes nas cinco histórias de vida que recolheu, "o entrelaçar das vidas profissionais e familiares, sobretudo no que diz respeito ao cuidar dos filhos" (p. 31).

O relatório promovido pela Organização Internacional do Trabalho, *Programme on Safety and Health at Work and the Environment*,[1] pronuncia-se igualmente sobre as diferenças de género nas questões laborais. A relação entre o sexo, o trabalho e o *stress* é complexa. Muitos factores parecem ampliar o impacto do *stress* nas mulheres, talvez o maior seja o costume de cuidar da família. É visível que uma mulher que trabalhe a tempo inteiro tenha uma carga laboral superior à de um homem que trabalhe em igual número de horas, especialmente quando tem responsabilidades familiares.

Para além de todas estas questões de género, interessa também ter em consideração que o indivíduo não é um ser estático e estável, ele está sujeito a um processo evolutivo, ligado obrigatoriamente a dado espaço e a uma determinada época.

Sendo que a identidade é uma construção resultante da negociação entre os que procuram uma identidade e os que oferecem ou têm uma identidade virtual a propor (Teodoro, 1990), a construção de identidades faz-se através de um jogo de poderes e de contra-poderes. Parafraseando Nóvoa (1999), a construção de identidades "articula dimensões individuais, que pertencem à própria pessoa do professor; dimensões colectivas, que estão inscritas na história e nos projectos do 'corpo docente'" (p. 136). Neste sentido, a construção da identidade é uma negociação constante, pelo que está longe de ser de natureza permanente ou determinada. Dubar (1997) acrescenta que:

---

[1]. Disponível em: http://www.iol.org/public/english/protection/safework/stress/whatis.htm, a 8 de junho de 2001.

a identidade humana não é dada, de uma vez por todas, no acto do nascimento: constrói-se na infância e deve reconstruir-se sempre ao longo da vida. O indivíduo nunca a constrói sozinho: ela depende tanto dos julgamentos dos outros como das próprias orientações e autodefinições. A identidade é um produto de socializações (p. 13).

Este autor frisa ainda que "a identidade não é mais do que o *resultado simultaneamente estável e provisório, individual e colectivo, subjectivo e objectivo, biográfico e estrutural, dos diversos processos de socialização*" (p. 105). É o conjunto destes processos que leva à estruturação dos indivíduos.

Lawn (2000) reflecte acerca da construção de identidade dos professores no desenvolvimento da escola de massas frisando a existência de diversos problemas. Num sentido global, o autor destaca a incoerência entre a instabilidade social e os medíocres rendimentos dos professores face à sua formação superior. No que se respeita aos deveres e às obrigações dos professores, menciona que estes: "eram vistos como exemplos morais, quase missionários ou servos civis" (p. 72).

No trabalho desenvolvido por este autor, verifica-se ainda que o Estado tem a capacidade de ajustar a identidade dos professores. Para tal, pode recorrer a discursos, regulamentos, serviços, encontros, programas de formação, mas também a intervenções nos meios de comunicação social.

O autor justifica que "o problema em decidir acerca dos objectivos e sistemas educativos nunca esteve afastado da construção de novas identidades do professor" (p.

72). Os discursos públicos preenchem portanto duas funções diferentes, a de controlo e a de gestão da mudança; já que, os discursos explicam e constroem o sistema, ou seja, estruturam e reestruturam a docência.

> Frequentemente, os professores agem como uma parte necessária de uma proposta educativa, embora surjam, nessa mesma proposta, como sombras, representantes ou sujeitos. Aparecem em destaque quando existe, de alguma forma, um pânico moral acerca da sociedade e das suas crianças; nesses momentos, os professores, estão em primeiro plano, escrutinados e reprovados (Lawn, 2000:70).

Pode assumir-se que a modelação exercida pelo Estado na identidade dos professores está vinculada ao conceito de profissionalização, pois este conceito pode ser entendido como um projecto social e político definido com o objectivo de realçar os interesses de um dado grupo profissional. Diferentes autores (e.g. Hargreaves & Goodson, 1996; Englund, 1996; Helsby & McCulloch, 1996) distinguem o conceito de *profissionalização* do conceito de *profissionalismo*,[2] podendo este último ser entendido como o conjunto de qualidades e características dos diversos elementos do grupo.

O conceito de profissionalização confunde-se, nesta perspectiva, com um projecto sociológico relacionando a autoridade e os estatutos, no caso da docência, enquanto que o conceito de profissionalismo se define como um projecto pedagógico que diz respeito às qualidades internas e à competência do professor.

---

2. *Professionalism*, na literatura anglo-saxónica.

A respeito do conceito de profissionalismo, Hargreaves e Goodson (1996) consideram que, no caso específico dos professores, consiste no que estes efectivamente fazem e não no que é mencionado nos normativos políticos.

Quando o profissionalismo se desenvolve sem atender ao projeto global da profissionalização e, portanto, em incoerência com a profissionalização, surge a situação de *desprofessionalizing professionalism*, definida por Hargreaves e Goodson (1996) (figura 2).

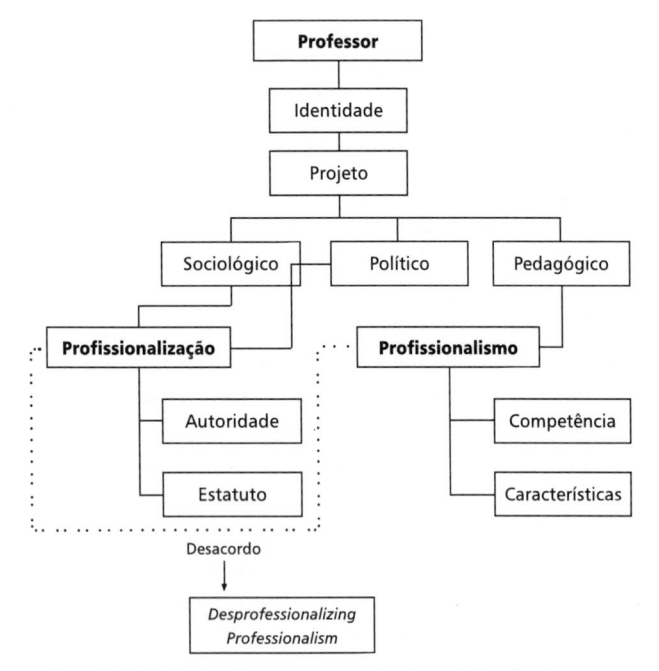

Figura 2. Distinção simplista entre o conceito de profissionalização e o conceito de profissionalismo
© Ana Sofia António

Poder-se-á pensar na existência de um *feed-back* negativo entre a profissionalização e o profissionalismo, que, quando o Estado tem maior capacidade para regular a identidade dos professores, estes têm menos força para mostrarem as suas capacidades.

Hargreaves e Goodson (1996) defendem que as pós-graduações e os centros de estudo em universidades podem atenuar o sentido de profissionalização. Neste sentido, a valorização do profissionalismo dos professores poderá conduzir à desprofissionalização (menor profissionalização).

> Este renascimento pode usar o profissionalismo para justificar e encobrir a desprofissionalização e o excesso de área de acção entre os professores, ou pode reinventar o profissionalismo dos professores de forma a maximizar o julgamento, abraçar objectivos morais e sociais, criar culturas de colaboração, bem como compromissos de melhoramento contínuo, englobar a heteronimia, a complexidade e o compromisso de cuidar (Hargreaves & Goodson, 1996: 20).

Enquanto que no entender de Loureiro (2001) as exigências e os desafios impostos aos professores requerem que estes tenham "uma vasta e sólida preparação teórica, geradora de flexibilidade, polivalência e criatividade, em condições de acentuada autonomia no exercício das suas competências profissionais específicas" (p. 74).

Por outro lado, e numa perspectiva de prevenção do mal-estar docente, Lens e Neves Jesus (1999) defendem que: "bons professores deviam também permanecer estudantes vitalícios ou aprender continuamente, tal como eles esperam que os seus alunos o façam" (p. 197). Os mesmos autores justificam a necessidade de existirem várias oportunidades de aprendizagem contínua e de desenvolvimento profissional.

A figura 3 pretende ilustrar uma possível relação de *feed-back* negativo entre o profissionalismo e a profissionalização.

Interroga-se a existência de uma real distância entre o conceito de profissionalização e o de professor investigador? Poder-se-á pensar que o crescente profissionalismo corresponde a uma das faces escondidas da profissionalização? Já que uma das dificuldades que os professores encontram resulta da tomada de decisões e das novas atitudes a que são obrigados a responder.

Talvez se possa admitir que um novo tipo de profissionalismo, caracterizado por algumas mudanças nos valores e nas práticas dos professores, esteja a emergir (Woods, 1999). Maria de Fátima Sanches (1997) refere:

> Pretende-se dar mais poder aos professores, vistos agora, como profissionais dotados de autonomia. Estas novas perspectivas sobre a aprendizagem e sobre a valorização do saber profissional dos professores difundem-se, em sintonia, com alternativas de devolução do poder à escola, e mudança da praxis de liderança (p. 22).

Lens e Jesus (1999) reforçam que os professores precisam realmente de encontrar um "novo profissionalismo", caracterizado por um menor individualismo, controlo e resistência à mudança e, portanto, por uma maior cooperação, criatividade, flexibilidade e espírito de equipa.

```
              Professor
                 │
                 ▼
           Investigador
          │      │      │
      +   ▼    - ▼      ▼         Previne o
  Profissionalismo  Profissionalização   Mal-estar
                        ▲                   │
                        -                   ▼        Aumenta
                                        Satisfação
                                            │
                                            ▼
                                        Motivação
                                            │
                                            ▼
                                       Competência
              Relaciona-se com o
```

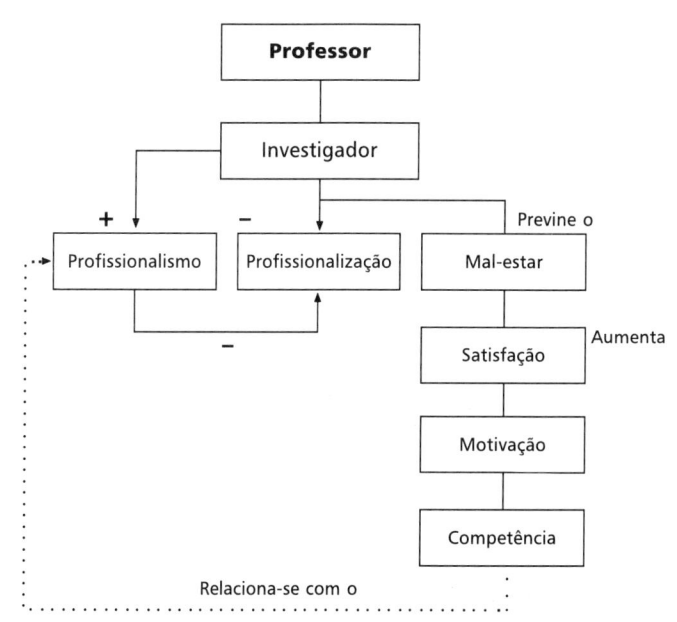

Figura 3. Possível relação entre a profissionalização e o profissionalismo
© Ana Sofia António

O artigo 54 do Decreto Lei nº 139-A/90, de 28 de Abril, Estatuto da Carreira Docente (quadro 1), ao fazer referência à aquisição de outras habilitações, parece corroborar as ideias anteriormente referidas.

Interessante a contradição que Hargreaves e Goodson (1996) encontram entre a crescente complexidade da docência e a decrescente complexidade do currículo escolar: "as decisões sobre o conteúdo e objectivos do currículo e sobre a sua importância para a vida dos alunos que os professores ensinam, parece estar realmente a tornar-se menos complexa para o professores, à medida que esses objectivos são retirados das suas mãos" (p. 18).

Considerando estas incipientes formas de estar que envolvem a docência, os autores acima citados definem o conceito de *reprofissionalização* e o conceito de *desprofissionalização*:

> algumas partes do trabalho dos professores estão a envolver mais tarefas, maior complexidade, mais sofisticação na avaliação, e tomadas de decisão colectivas entre colegas, enquanto que outras partes do trabalho estão a tornar-se desprofissionalizadas em termos de maior treino pragmático, redução da descrição dos objectivos e dos propósitos, aumento da dependência das aprendizagens pormenorizadas exteriores transmitidas por outros (p. 3).

Artigo 54º

(Aquisição de outras habilitações por docentes profissionalizados com licenciatura)

1. A aquisição, por docentes profissionalizados com licenciatura, integrados na carreira, do grau de mestre em Ciências da Educação ou em domínio directamente relacionado com o respectivo grupo de docência determina, para efeitos de progressão na carreira, a bonificação de quatro anos no tempo de serviço do docente, sem prejuízo da permanência mínima de um ano de serviço completo no escalão seguinte àquele em que se encontra.

2. A aquisição, por docentes profissionalizados com licenciatura ou mestres, integrados na carreira, do grau de doutor em Ciências da Educação ou em domínio directamente relacionado com o respectivo grupo de docência determina a bonificação de, respectivamente, seis ou dois anos no tempo de serviço do docente, sem prejuízo da permanência mínima de um ano de serviço completo no escalão em que se encontre à data da aquisição do grau académico.

Quadro 1. Pontos 1 e 2 do artigo 54 do Decreto Lei nº 139-A/90

Já Lawn (2000) lembra o modo como é exercida a docência em Inglaterra afirmando que os professores, além de desempenharem novas funções na escola, encontram uma nova realidade — a diferenciação de trabalho na escola. Desta forma, a construção da identidade dos professores é também feita na própria instituição escolar:

> A nova identidade é confirmada como sendo baseada na sala de aula, mas também na escola, reflectindo o modo como estas se tornaram os elementos fundamentais da reestruturação de um modelo educativo descentralizado. O professor é agora um trabalhador da escola, com deveres para além da sala de aula, sobre os quais serão inspeccionados (Lawn, 2000: 81).

A identidade do professor surge então aliada ao aperfeiçoamento do próprio indivíduo como profissional, ou seja, ao conceito de profissionalismo. Como Lawn (2000) conclui: "o atributo principal deste modelo é o desempenho e a recompensa, substituindo as ideias de serviço nacional, num projecto do Estado" (p. 83). Também Hargreaves e Goodson (1996) mencionam que aspectos relacionados com a renumeração, o estatuto e a autonomia têm sido objecto de reivindicação nas lutas individuais e colectivas de diferentes décadas.

O aumento de autonomia dos professores e consequente diminuição do controlo externo tem como resultado imediato que o papel que os docentes desempenham deixe de identificar-se com a transmissão de conhecimentos, passando então a corresponder à intervenção pedagógica. Neste sentido, o estatuto social dos professores pode enfraquecer. Por outro lado, como salienta Englund (1996), a descentralização do sistema educativo coloca no profissionalismo dos professores a responsabilidade pela qualidade do ensino. Domingo[3] (1999) aponta que:

> Apresentada como devolução de competências à docência, na realidade, a autonomia, tal como vem sendo anunciada e argumentada nas novas políticas educativas, não pode ser considerada como uma simples ganância de atribuições profissionais. Quanto menos supor o paradoxo: o que representa que esta seja obrigatória.

O mesmo autor faz notar ainda que a autonomia pode ter diferentes efeitos para os professores. Assim, pode corresponder a um chapéu de abas largas onde cabe o direito de adaptação e a obrigação de procurar respostas para situações heterogéneas. Sendo assim, a descentralização do sistema educativo e a própria autonomia dos professores podem originar novas formas de controlo:

> Supõe esta troca de perspectiva que os professores passem a ser sujeitos autónomos na definição da mudança educativa, que se convertam em geradores de novas práticas docentes e em impulsores de novas direcções para a educação escolar? (Domingo, 1999).

Domingo faz referência ao trabalho desenvolvido por Hatcher (1994), salientando que o incremento da autonomia para os professores pode estar associado a uma trans-

---

3. Disponível em http://epaa.asu.edu/epaa/v7n17.html, a 2 de junho de 2001.

formação da ideologia do profissionalismo docente, aliado à competência pedagógica e, naturalmente, à competição entre os professores. Ora, esta ideia é antagónica ao ponto de vista desenvolvido por Lens e por Neves Jesus (1999), na discussão do mal-estar docente; pois estes autores consideram que devem ser facultadas mais oportunidades de aprendizagem e de desenvolvimento profissional.

A autonomia possibilita que os professores tomem mais decisões, porém à sociedade é também dada legitimidade não só para expressar as suas expectativas acerca do trabalho dos docentes, como ainda para o julgar. É exigido, portanto, um maior profissionalismo aos professores. Deste modo, esboça-se uma relação entre o conceito de profissionalização e o de profissionalismo (figura 4). Os *rankings*, cada vez mais comuns entre as escolas, serão pois um exemplo de controlo, já que os exames são nacionais? Se sim, então talvez correspondam a um modo de perspectivar a profissionalização.

O Estado encontra assim legitimidade para negar as suas responsabilidades. Os maus êxitos obtidos pelos alunos nos exames internacionais e nacionais podem ser atribuídos à falta de profissionalismo dos professores.

As representações que os outros fazem dos professores são construídas, por exemplo, nas escolas, nas redacções dos *media*, nos teatros, etc. Como Weber e Mitchell (1995) fazem notar, as representações acerca dos professores "numa cultura popular têm elementos contraditórios de prazer, desejo, jogo, violência e sexo, em vez dos estereótipos comuns do professor monótono, não sociável, e assexuado cuja única missão é fazer as crianças aprenderem, quer elas queiram ou não" (p. 4). Essas

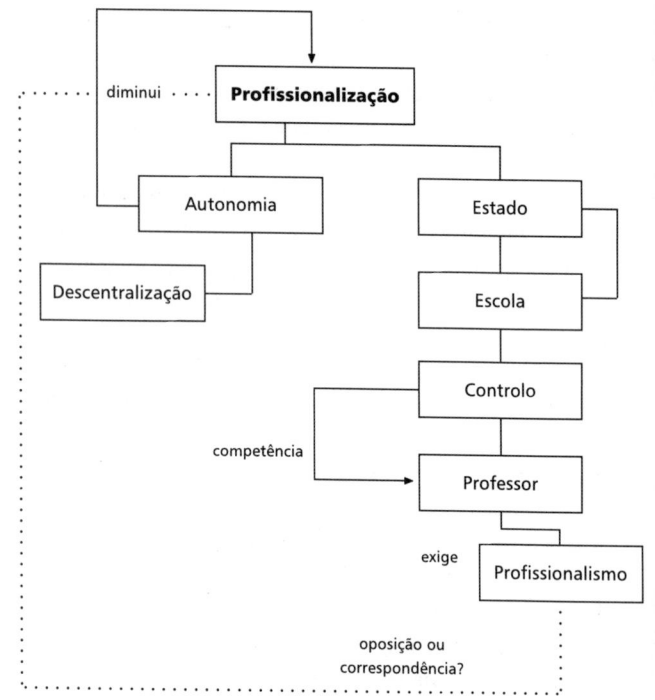

```
        ┌─────────────────────────┐
        ↓                         │
· · · diminui · · ·  **Profissionalização**
                             │
              ┌──────────────┴──────────────┐
              │                             │
         Autonomia                       Estado
              │                             │
      Descentralização                   Escola
                                            │
                                        Controlo
                 competência                │
                         ────────────→  Professor
                                            │
                                   exige    │
                                        Profissionalismo

                    oposição ou
                    correspondência?
```

Figura 4. Possível relação entre a profissionalização e o profissionalismo
© Ana Sofia António

representações afectam o trabalho e a identidade dos professores, porque podem fazê-los sentirem-se incapazes para combater os estereótipos e as ideias, já enraizadas, que os outros fazem da docência:

> Ora, todas as nossas comunicações com os outros são marcadas pela incerteza: posso tentar pôr-me no lugar dos outros, tentar adivinhar o que pensam de mim, até imaginar o

que pensam que eu penso deles, etc. Não posso colocar-me na sua pele. *Eu* nunca posso ter a certeza que a minha identidade para mim coincide com a minha identidade para o Outro. A identidade nunca é dada, é sempre construída e a (re)construir numa incerteza maior ou menor e mais ou menos durável (Dubar, 1997:104).

Em conformidade com a definição de identidade usada e com a rede elaborada em torno do conceito de profissionalismo e de profissionalização, transparece que conhecer o global com a finalidade de compreender o particular pode ser uma atitude pouco consciente. As relações de proximidade e de distanciamento do sujeito tendem a obedecer cada vez mais a regras individuais e a estratégias concretas.

Um trabalho que tem como instrumento de investigação as histórias de vida, circunscreve-se numa perspectiva de apreensão e de compreensão da realidade. Longe de se caracterizar como uma investigação de natureza extensiva, caracteriza-se antes pelo seu modo singular e significativo, uma vez que nunca se encontram dois modos semelhantes de viver situações humanas.

Bibliografia

ABRAHAM, Ada. *L'enseignant est une personne*. Paris: Les Editions ESF, 1984.

ANTIKAINEN, A. *et al. Living in a learning society: life histories, identities and education*. Londres: Falmer Press, 1996.

ARAÚJO, Helena Costa. As professoras primárias e as suas histórias de vida: das origens aos primeiros anos de vida profissional. *Educação, Sociedade & Culturas*, nº 3, 1995.

BASTOS, Maria Helena Câmara & COLLA, AnaMaria. Retratando mestres: a idealização do professor na representação da docência. *O Professor*, nº 39 (3ª série), 1994.

DOMINGO, José Contreras. Autonomía por decreto? Paradojas en la redefinición del trabajo del profesorado, 1999. [Disponível em: http://epaa.asu.edu/epaa/v7n17.html, a 2 de junho de 2001].

DUBAR, Claude. *A socialização: construção das identidades sociais e profissionais*. Porto: Porto Editora, 1997.

ENGLUND, Tomas. Are professional teachers a good thing? In GOODSON, Ivor F. & HARGREAVES, Andy (eds.). *Teachers' professional lives*. Great Britain: Falmer Press, 1996.

FREIRE, Paulo. *Pedagogia da autonomia: saberes necessários à prática educativa*. São Paulo: Paz e Terra, 1997.

HARGREAVES, Andy & GOODSON, Ivor F. Teachers' professional lives: aspirations and actualities (1-27). In GOODSON, Ivor F. & HARGREAVES, Andy (eds.). *Teachers' Professional Lives*. Great Britain: Falmer Press, 1996.

HELSBY, Gill & McCULLOCH, Gary. Teacher Professionalism and Curriculum Control (56-74). In GOODSON, Ivor F. & HARGREAVES, Andy (eds.). *Teachers' professional lives*. Great Britain: Falmer Press, 1996.

JANUÁRIO, Carlos. *Do pensamento do professor à sala de aula*. Coimbra: Liv. Almedina, 1996.

KELCHTERMANS, Geert. Teaching career: between burnout and fading away? Reflections from a narrative and biographical perspective. In VANDENBERGHE, Roland & HUBERMAN, A. Michael. *Understanding and preventing teacher burnout*. Cambridge University Press, 1999.

LALANDA, Piedade. Sobre a metodologia qualitativa na pesquisa sociológica. *Análise Social*, vol. XXXIII (148), 1998.

LAWN, Martin. Os professores e a fabricação de identidades. In NÓVOA, António & SCHRIEWER, Jürgen (eds.). *A difu-*

são mundial da escola: Alunos — Professores — Currículo — Pedagogia. Lisboa: Educa, 2000.

LENS, Willy & JESUS, Saul Neves. A psychosocial interpretations of teacher stress and burnout. In VANDENBERGHE, Roland & HUBERMAN, A. Michael. *Understanding and Preventing Teacher Burnout*. Cambridge University Press, 1999.

LOUREIRO, Carlos. *A docência como profissão*. Porto: Edições Asa, 2001.

MANN, Peter. *Métodos de investigação sociológica*. Rio de Janeiro: Zahar Editores, 1983.

NÓVOA, António. Tempos da escola no espaço Portugal — Brasil — Moçambique: dez digressões sobre um programa de investigação. In NÓVOA, António & SCHRIEWER, Jürgen (eds.). *A difusão mundial da escola*. Lisboa: Faculdade de Psicologia e de Ciências da Educação, 1999.

ORGANIZAÇÃO INTERNACIONAL DO TRABALHO. *Programme on Safety and Health at Work and the Environment*. [Disponível em: http://www.iol.org/public/english/protection/safework/stress/whatis.htm, a 9 de setembro de 2001].

POIRIER, J.; CLAPIER-VALLADON, S. & RAYBAUT, P. *Histórias de vida: teoria e prática*. Oeiras: Celta Editora, 1999.

SANCHES, Maria de Fátima Chorão. Professores e reforma curricular: práticas de inovação ou de adaptação aos contextos sistémicos da escola? *Revista de Educação*, vol. VI, nº 2, 1997.

TEODORO, António. *Os professores: situação profissional e carreira docente*. Lisboa: Texto Editora, 1990.

VASCONCELOS, Teresa Maria Sena de. *Ao redor da mesa grande: a prática educativa de Ana*. Porto: Porto Editora, 1997.

WEBER, Sandra & MITCHELL, Claudia. *That's funny, you don't look like a teacher*. London: The Falmer Press, 1995.

WOODS, Peter. Intensification and stress in teaching. In VANDENBERGUE, Roland & HUBERMAN, A. Michael. *Understanding and preventing teacher burnout*. Cambridge University Press, 1999.

Coleção
QUESTÕES
DA NOSSA ÉPOCA
Novo visual a partir do número 101

Vol. 101 – (DES)QUALIFICAÇÃO DA EDUCAÇÃO PROFISSIONAL BRASILEIRA (A)
Ramon de Oliveira

Vol. 102 – COLEGIADO ESCOLAR: espaço de participação da comunidade
Mônica Abranches

Vol. 103 – DEMOCRACIA E PARTICIPAÇÃO NA "REFORMA" DO ESTADO
Ilse Gomes Silva

Vol. 104 – PROFESSORES REFLEXIVOS EM UMA ESCOLA REFLEXIVA
Isabel Alarcão

Vol. 105 – DIALÉTICA DO AMOR PATERNO
Moacir Gadotti

Vol. 106 – GLOBALIZAÇÃO E DIVERSIDADE CULTURAL
Hassan Zaoual

Vol. 107 – CIÊNCIAS HUMANAS E PESQUISA: leituras de Mihkail Bakhtin
Maria Teresa Freitas, Solange Jobim e Souza e Sônia Kramer (orgs.)

Vol.108 – TEMPOS PÓS-MODERNOS
Fernando Magalhães

Vol.109 – A CATEGORIA "QUESTÃO SOCIAL" EM DEBATE
Alejandra Pastorini

Vol. 110 – O QUE PENSAM OS ALUNOS SOBRE A ESCOLA NOTURNA
Vilma Abdalla

Vol. 111 – FILOSOFIA POLÍTICA DA AMÉRICA: a ideologia do novo século americano
Flavio Bezerra de Farias

Vol. 112 – MODERNISMO E ENSAIO HISTÓRICO
André Gaio

Vol. 113 – AMEAÇA DE IDENTIDADE E PERMANÊNCIA DA PESSOA
Lindinalva Laurindo da Silva

Vol. 114 – HISTÓRIAS (RE)CONSTRUÍDAS
António Teodoro

Vol. 115 – SERTÕES DE JOVENS: uma antropologia pedagógica
Vanda Silva

Vol. 116 – EDUCAÇÃO CONTINUADA NA ERA DIGITAL
Maria Helena Bettega